Über dieses Buch In Schnitzlers Erzählungen kann die »normgeprägte Welt der Herren Offiziere anarchoide Züge annehmen, erweisen sich Ehemänner als miese Betrüger« (Walter Jens). Die erste und die letzte Erzählung dieses Bandes, ›Spiel im Morgengrauen‹ und ›Der Sekundant‹ ereignen sich in der Zeit vor dem Ersten Weltkrieg, »in einer Vorkriegswelt«, in einem Österreich, das heute in seiner politischen und gesellschaftlichen Struktur längst nicht mehr existiert –, und dennoch sind ihre Charaktere, allen detaillierten Einwänden zum Trotz, zeitlos geblieben. Das Motiv des Spielens um vollen Verlustrisikos willen, vor allem aber auch des Spielers um anderer Reize willen, des Abenteurers, kehrt bei ihm häufig wieder. So wiederholen sich z. B. hier diese Eigenheiten thematisch auch innerhalb dieser Erzählungen: eine fast zufällige Liebesbegegnung im glückhaften Spiel, wie sie die Renaissance-Novelle vom Abenteurer aus Bergamo berichtet, findet sich zuvor als bewußt wiederholte Begegnung in der Spielernovelle vom Leutnant Kasda in Baden. Eine Variante bildet die abschließende Ich-Erzählung, in der durch vorgegebene Treue in einem Augenblick »das Ersehnte wahr und das Vermeintliche zur Imagination wird«. Schnitzler erinnert nicht zuletzt durch seine Gestalten daran, wie sehr unser Leben immer wieder an Grenzsituationen stößt und – in der Erzählung ›Ich‹ – wie leicht es in psychisch und geistig Krankes entarten kann.

Der Autor Arthur Schnitzler wurde am 15. Mai 1862 in Wien geboren. Noch bevor er auf das Akademische Gymnasium kam, als Neunjähriger, versuchte er, seine ersten Dramen zu schreiben. Nach dem Abitur studierte er Medizin, wurde 1885 Aspirant und Sekundararzt; 1888 bis 1893 war er Assistent seines Vaters in der Allgemeinen Poliklinik in Wien; nach dessen Tod eröffnete er eine Privatpraxis. 1886 die ersten Veröffentlichungen in Zeitschriften, 1888 das erste Bühnenmanuskript, 1893 die erste Uraufführung, 1895 das erste Buch, die Erzählung ›Sterben‹ bei S. Fischer in Berlin. Beginn lebenslanger Freundschaften mit Hugo von Hofmannsthal, Felix Salten, Richard Beer-Hofmann und Hermann Bahr. Das dramatische und erzählerische Werk entstehen parallel. Stets bildet der einzelne Mensch, die individuelle Gestalt »in ihrem Egoismus oder ihrer Hingabe, ihrer Bindungslosigkeit oder Opferbereitschaft, in ihrer Wahrhaftigkeit oder Verlogenheit« (Reinhard Urbach), den Mittelpunkt seiner durchweg im Wien der Jahrhundertwende angesiedelten Stoffe. Arthur Schnitzler hat, von Reisen abgesehen, seine Geburtsstadt nie verlassen; am 21. Oktober 1931 ist er dort gestorben.

Arthur Schnitzler
Das erzählerische Werk

In chronologischer Ordnung

Arthur Schnitzler
Ich

Erzählungen
1926–1931

Fischer
Taschenbuch
Verlag

Ungekürzte, nach den ersten Buchausgaben durchgesehene Ausgabe
Veröffentlicht im Fischer Taschenbuch Verlag GmbH,
Frankfurt am Main, März 1992

Lizenzausgabe mit freundlicher Genehmigung
des S. Fischer Verlags GmbH, Frankfurt am Main
Für die Erzählung ›Ich‹:

Für alle anderen Erzählungen:

Umschlagentwurf: Buchholz / Hinsch / Hensinger unter Verwendung
eines Gemäldes von Egon Schiele ›Bildnis eines Offiziers‹, 1916
Gesamtherstellung: Clausen & Bosse, Leck
Printed in Germany
ISBN 3-596-29411-8

Inhalt

Spiel im Morgengrauen

I

»Herr Leutnant!... Herr Leutnant!... Herr Leutnant!« Erst beim dritten Anruf rührte sich der junge Offizier, reckte sich, wandte den Kopf zur Tür; noch schlaftrunken, aus den Polstern, brummte er: »Was gibt's?« – Dann, wacher geworden, als er sah, daß es nur der Bursche war, der in der umdämmerten Türspalte stand, schrie er: »Zum Teufel, was gibt's denn in aller Früh'?«

»Es ist ein Herr unten im Hof, Herr Leutnant, der den Herrn Leutnant sprechen will.«

»Wieso ein Herr? Wie spät ist es denn? Hab' ich Ihnen nicht g'sagt, daß Sie mich nicht wecken sollen am Sonntag?«

Der Bursche trat ans Bett und reichte Wilhelm eine Visitenkarte.

»Meinen Sie, ich bin ein Uhu, Sie Schafskopf, daß ich im Finstern lesen kann? Aufzieh'n!«

Noch ehe der Befehl ausgesprochen war, hatte Joseph die inneren Fensterflügel geöffnet und zog den schmutzig-weißen Vorhang in die Höhe. Der Leutnant, sich im Bette halb aufrichtend, vermochte nun den Namen auf der Karte zu lesen, ließ sie auf die Bettdecke sinken, betrachtete sie nochmals, kraute sein blondes, kurz geschnittenes, morgendlich zerrauftes Haar und überlegte rasch: »Abweisen? – Unmöglich! – Auch eigentlich kein Grund. Wenn man wen empfängt, das heißt ja noch nicht, daß man mit ihm verkehrt. Übrigens hat er ja nur wegen Schulden quittieren müssen. Andere haben halt mehr Glück. Aber was will er von mir?« – Er wandte sich wieder an den Burschen: »Wie schaut er denn aus, der Herr Ober –, der Herr von Bogner?«

Der Bursche erwiderte mit breitem, etwas traurigem Lächeln: »Melde gehorsamst, Herr Leutnant, Uniform ist dem Herrn Oberleutnant besser zu G'sicht gestanden.«

Wilhelm schwieg eine Weile, dann setzte er sich im Bett zurecht: »Also, ich laß bitten. Und der Herr – Oberleutnant möcht' freundlichst entschuldigen, wenn ich noch nicht fertig angezogen bin. – Und hören S' – für alle Fälle, wenn einer von den anderen Herren fragt, der Oberleutnant Höchster oder der Leutnant Wengler oder der Herr Hauptmann oder sonstwer – ich bin nicht mehr zu Haus – verstanden?«

Während Joseph die Tür hinter sich schloß, zog Wilhelm rasch die Bluse an, ordnete mit dem Staubkamm seine Frisur, trat zum Fenster, blickte in den noch unbelebten Kasernenhof hinab; und als er den einstigen Kameraden unten auf und ab gehen sah, mit gesenktem Kopf, den steifen, schwarzen Hut in die Stirne gedrückt, im offenen, gelben Überzieher, mit braunen, etwas bestaubten Halbschuhen, da wurde ihm beinah weh ums Herz. Er öffnete das Fenster, war nahe daran, ihm zuzuwinken, ihn laut zu begrüßen; doch in diesem Augenblick war eben der Bursche an den Wartenden herangetreten, und Wilhelm merkte den ängstlich gespannten Zügen des alten Freundes die Erregung an, mit der er die Antwort erwartete. Da sie günstig ausfiel, heiterten sich Bogners Mienen auf, er verschwand mit dem Burschen im Tor unter Wilhelms Fenster, das dieser nun schloß, als wenn die bevorstehende Unterredung solche Vorsicht immerhin verlangen könnte. Nun war mit einem Male der Duft von Wald und Frühjahr wieder fort, der in solchen Sonntagsmorgenstunden in den Kasernenhof zu dringen pflegte und von dem an Wochentagen sonderbarerweise überhaupt nichts zu bemerken war. Was immer geschieht, dachte Wilhelm – was soll denn übrigens geschehen?! – nach Baden fahr' ich heute unbedingt und speise zu Mittag in der ›Stadt Wien‹ – wenn sie mich nicht wie neulich bei Keßners zum Essen behalten sollten. »Herein!« Und mit übertriebener Lebhaftigkeit streckte Wilhelm dem Eintretenden die Hand entgegen. »Grüß dich Gott, Bogner. Es freut mich aber wirklich. Willst nicht ablegen? Ja, schau' dich nur um; alles wie früher. Geräumiger ist das Lokal auch nicht geworden. Aber Raum ist in der kleinsten Hütte für ein glücklich...«

Otto lächelte höflich, als merke er Wilhelms Verlegenheit

und wollte ihm darüber weghelfen. »Hoffentlich paßt das Zitat für die kleine Hütte manchmal besser als in diesem Augenblick«, sagte er.

Wilhelm lachte lauter, als nötig war. »Leider nicht oft. Ich leb' ziemlich einschichtig. Wenn ich dich versicher', sechs Wochen mindestens hat diesen Raum kein weiblicher Fuß betreten. Der Plato ist ein Waisenknabe gegen mich. Aber nimm doch Platz.« Er räumte Wäschestücke von einem Sessel aufs Bett. »Und darf ich dich vielleicht zu einem Kaffee einladen?«

»Danke, Kasda, mach' dir keine Umstände. Ich hab' schon gefrühstückt... Eine Zigarette, wenn du nichts dagegen hast...«

Wilhelm ließ nicht zu, daß Otto sich aus der eigenen Dose bediente, und wies auf das Rauchtischchen, wo eine offene Pappschachtel mit Zigaretten stand. Wilhelm gab ihm Feuer, Otto tat schweigend einige Züge, und sein Blick fiel auf das wohlbekannte Bild, das an der Wand über dem schwarzen Lederdiwan hing und eine Offizierssteeplechase aus längst verflossenen Zeiten vorstellte.

»Also, jetzt erzähl'«, sagte Wilhelm, »wie geht's dir denn? Warum hat man so gar nichts mehr von dir gehört? – Wie wir uns – vor zwei Jahren oder drei – Adieu gesagt haben, hast du mir doch versprochen, daß du von Zeit zu Zeit –«

Otto unterbrach ihn: »Es war vielleicht doch besser, daß ich nichts hab' von mir hören und sehen lassen, und ganz bestimmt wär's besser, wenn ich auch heut' nicht hätt' kommen müssen.« Und, ziemlich überraschend für Wilhelm, setzte er sich plötzlich in die Ecke des Sofas, in dessen anderer Ecke einige zerlesene Bücher lagen –: »Denn du kannst dir denken, Willi« – er sprach hastig und scharf zugleich –, »mein Besuch heute zu so ungewohnter Stunde – ich weiß, du schläfst dich gern aus an einem Sonntag –, dieser Besuch hat natürlich einen Zweck, sonst hätte ich mir natürlich nicht erlaubt – kurz und gut, ich komm', an unsere alte Freundschaft appellieren – an unsere Kameradschaft darf ich ja leider nicht mehr sagen. Du brauchst nicht blaß zu werden, Willi, es ist nicht gar so gefährlich, es handelt sich um ein paar Gulden, die ich halt morgen früh haben muß, weil mir sonst nichts übrigbliebe als –« seine Stimme schnarrte militärisch in die Höhe –, »na – was vielleicht schon vor zwei Jahren das Gescheiteste gewesen wäre.«

»Aber, was red'st denn da«, meinte Wilhelm im Ton freundschaftlich-verlegenen Unwillens.

Der Bursche brachte das Frühstück und verschwand wieder. Willi schenkte ein. Er verspürte einen bitteren Geschmack im Mund und empfand es unangenehm, daß er noch nicht dazu gekommen war, Toilette zu machen. Übrigens hatte er sich vorgenommen, auf dem Weg zur Eisenbahn ein Dampfbad zu nehmen. Es genügte ja vollkommen, wenn er gegen Mittag in Baden eintraf. Er hatte keine bestimmte Abmachung; und wenn er sich verspätete, ja, wenn er gar nicht käme, es würde keinem Menschen sonderlich auffallen, weder den Herren im Café Schopf, noch dem Fräulein Keßner; vielleicht eher noch ihrer Mutter, die übrigens auch nicht übel war.

»Bitt' schön, bedien' dich doch«, sagte er zu Otto, der die Tasse noch nicht an die Lippen gesetzt hatte. Nun nahm er rasch einen Schluck und begann sofort: »Um kurz zu sein: du weißt ja vielleicht, daß ich in einem Büro für elektrische Installation angestellt bin, als Kassierer, seit einem Vierteljahr. Woher sollst du das übrigens wissen? Du weißt ja nicht einmal, daß ich verheiratet bin und einen Buben hab' – von vier Jahren. Er war nämlich schon auf der Welt, wie ich noch bei euch war. Es hat's keiner gewußt. Na also, besonders gut ist es mir die ganze Zeit über nicht gegangen. Kannst dir ja denken. Und besonders im vergangenen Winter – der Bub war krank –, also, die Details sind ja weiter nicht interessant –, da hab' ich mir etliche Male aus der Kasse was ausleihen müssen. Ich hab's immer rechtzeitig zurückgezahlt. Diesmal ist's ein bissel mehr geworden als sonst, leider, und«, er hielt inne, indes Wilhelm mit dem Löffel in seiner Tasse rührte, »und das Malheur ist außerdem, daß am Montag, morgen also, wie ich zufällig in Erfahrung gebracht habe, von der Fabrik aus eine Revision stattfinden soll. Wir sind nämlich eine Filiale, verstehst du, und es sind ganz geringfügige Beträge, die bei uns ein- und ausgezahlt werden; es ist ja auch wirklich nur eine Bagatelle – die ich schuldig bin –, neunhundertsechzig Gulden. Ich könnte sagen tausend, das käm' schon auf eins heraus. Es sind aber neunhundertsechzig. Und die müssen morgen vor halb neun Uhr früh dasein, sonst – na – also, du erwiesest mir einen wirklichen Freundschaftsdienst, Willi, wenn du mir diese Summe –« Er konnte plötzlich nicht weiter. Willi schämte sich ein wenig für ihn, nicht so sehr wegen der kleinen Veruntreuung – oder Defraudation, so mußte man's ja wohl nennen –, die der alte Kamerad begangen, sondern vielmehr, weil der ehemalige Oberleutnant Otto von Bogner – vor wenigen Jahren noch ein liebenswürdiger, wohlsituierter und schneidiger Offizier – bleich und ohne Haltung in der Diwanecke lehnte und vor verschluckten Tränen nicht weiterreden konnte.

Er legte ihm die Hand auf die Schulter. »Geh, Otto, man muß ja nicht gleich die Kontenance verlieren«, und da der andere auf diese nicht sehr ermutigende Einleitung hin mit trübem, fast erschrecktem Blick zu ihm aufsah – »nämlich, ich selber bin so ziemlich auf dem trockenen. Mein ganzes Vermögen beläuft sich auf etwas über hundert Gulden. Hundertzwanzig, um ganz so genau zu sein wie du. Die stehen dir natürlich bis auf den letzten Kreuzer zur Verfügung. Aber wenn wir uns ein bißl anstrengen, so müssen wir doch auf einen Modus kommen.«

Otto unterbrach ihn. »Du kannst dir denken, daß alle sonstigen – Modusse bereits erledigt sind. Wir brauchen also die Zeit nicht mit unnützem Kopfzerbrechen zu verlieren, um so weniger, als ich schon mit einem bestimmten Vorschlage komme.«

Wilhelm sah ihm gespannt ins Auge.

»Stell' dir einmal vor, Willi, du befändest dich selbst in einer solchen Schwulität. Was würdest du tun?«

»Ich versteh' nicht recht«, bemerkte Wilhelm ablehnend.

»Natürlich, ich weiß, in eine fremde Kasse hast du noch nie gegriffen – so was kann einem nur in Zivil passieren. Ja. Aber schließlich, wenn du einmal aus einem – weniger kriminellen

Grund eine gewisse Summe dringend benötigtest, an wen würdest du dich wenden?«

»Entschuldige, Otto; darüber hab' ich noch nicht nachgedacht, und ich hoffe... Ich hab' ja auch manchmal Schulden gehabt, das leugne ich nicht, erst im vorigen Monat, da hat mir der Höchster mit fünfzig Gulden ausgeholfen, die ich ihm natürlich am Ersten retourniert habe. Drum geht's mir ja diesmal so knapp zusammen. Aber tausend Gulden – tausend –, ich wüßte absolut nicht, wie ich mir die verschaffen könnte.«

»Wirklich nicht?« sagte Otto und faßte ihn scharf ins Auge.

»Wenn ich dir sag'.«

»Und dein Onkel?«

»Was für ein Onkel?«

»Dein Onkel Robert.«

»Wie – kommst du auf den?«

»Es liegt doch ziemlich nahe. Der hat dir ja manchmal ausgeholfen. Und eine regelmäßige Zulage hast du doch auch von ihm.«

»Mit der Zulage ist es längst vorbei«, erwiderte Willi ärgerlich über den in diesem Augenblick kaum angemessenen Ton des einstigen Kameraden. »Und nicht nur mit der Zulage. Der Onkel Robert, der ist ein Sonderling geworden. Die Wahrheit ist, daß ich ihn mehr als ein Jahr lang mit keinem Aug' gesehen habe. Und wie ich ihn das letztemal um eine Kleinigkeit ersucht habe – ausnahmsweise – na, nur, daß er mich nicht hinausgeschmissen hat.«

»Hm, so.« Bogner rieb sich die Stirn. »Du hältst es wirklich für absolut ausgeschlossen?«

»Ich hoffe, du zweifelst nicht«, erwiderte Wilhelm mit einiger Schärfe.

Plötzlich erhob sich Bogner aus der Sofaecke, rückte den Tisch beiseite und trat zum Fenster hin. »Wir müssen's versuchen«, erklärte er dann mit Bestimmtheit. »Jawohl, verzeih, aber wir müssen. Das Schlimmste, das dir passieren kann, ist, daß er nein sagt. Und vielleicht in einer nicht ganz höflichen Form. Zugegeben. Aber gegen das, was mir bevorsteht, wenn ich bis morgen früh die paar schäbigen Gulden nicht beisammen hab', ist doch das alles nichts als eine kleine Unannehmlichkeit.«

»Mag sein«, sagte Wilhelm, »aber eine Unannehmlichkeit, die vollkommen zwecklos wäre. Wenn nur die geringste Chance bestünde – na, du wirst doch hoffentlich nicht an meinem guten Willen zweifeln. Und zum Teufel, es muß doch noch andere Möglichkeiten geben. Was ist denn zum Beispiel – sei nicht bös, er fällt mir grad ein – mit deinem Cousin Guido, der das Gut bei Amstetten hat?«

»Du kannst dir denken, Willi«, erwiderte Bogner ruhig, »daß es auch mit dem nix ist. Sonst wär' ich ja nicht da. Kurz und gut, es gibt auf der ganzen Welt keinen Menschen –«

Willi hob plötzlich einen Finger, als wäre er auf eine Idee gekommen. Otto sah ihn erwartungsvoll an.

»Der Rudi Höchster, wenn du's bei dem versuchen würdest. Er hat nämlich eine Erbschaft gemacht vor ein paar Monaten. Zwanzig- oder fünfundzwanzigtausend Gulden, davon muß doch noch was übrig sein.«

Bogner runzelte die Stirn, und etwas zögernd erwiderte er: »An Höchster habe ich – vor drei Wochen einmal, wie es noch nicht so dringend war – geschrieben – um viel weniger als tausend –, nicht einmal geantwortet hat er mir. Also du siehst, es gibt nur einen einzigen Ausweg: dein Onkel.« Und auf Willis Achselzucken: »Ich kenn' ihn ja, Willi – ein so liebenswürdiger, charmanter alter Herr. Wir waren ja auch ein paarmal im Theater zusammen und im Riedhof – er wird sich gewiß erinnern! Ja, um Gottes willen, er kann doch nicht plötzlich ein anderer Mensch geworden sein.«

Ungeduldig unterbrach ihn Willi. »Es scheint doch. Ich weiß ja auch nicht, was mit ihm eigentlich vorgegangen ist. Aber das kommt ja vor zwischen Fünfzig und Sechzig, daß sich die Leut' so merkwürdig verändern. Ich kann dir nicht mehr sagen, als daß ich – seit fünfviertel Jahren oder länger – sein Haus nicht mehr betreten und – kurz und gut – es unter keiner Bedingung je wieder betreten werde.«

Bogner sah vor sich hin. Dann plötzlich hob er den Kopf, sah Willi wie abwesend an und sagte: »Also, ich bitt' dich um Entschuldigung, grüß dich Gott«, nahm den Hut und wandte sich zum Gehen.

»Otto!« rief Willi. »Ich hätt' noch eine Idee.«

»Noch eine ist gut.«

»Also hör' einmal, Bogner. Ich fahre nämlich heut' aufs Land – nach Baden. Da ist manchmal am Sonntag nachmittag im Café Schopf eine kleine Hasardpartie: Einundzwanzig oder Bakkarat, je nachdem. Ich bin natürlich höchst bescheiden daran beteiligt oder auch gar nicht. Drei- oder viermal habe ich mitgetan, aber mehr zum Spaß. Der Hauptmacher ist der Regimentsarzt Tugut, der übrigens eine Mordssau hat, der Oberleutnant Wimmer ist auch gewöhnlich dabei, dann der Greising, von den Siebenundsiebzigern... den kennst du gar nicht. Er ist draußen in Behandlung – wegen einer alten G'schicht, auch ein paar Zivilisten sind dabei, ein Advokat von draußen, der Sekretär vom Theater, ein Schauspieler und ein älterer Herr, ein gewisser Konsul Schnabel. Der hat ein Verhältnis draußen mit einer Operettensängerin, bessere Choristin eigentlich. Das ist die Hauptwurzen. Der Tugut hat ihm vor vierzehn Tagen nicht weniger als dreitausend Gulden auf einem Sitz abgenommen. Bis sechs Uhr früh haben wir gespielt auf der offenen Veranda, die Vögel haben dazu gesungen; die Hundertzwanzig, die ich heut noch hab', verdank' ich übrigens auch nur meiner Ausdauer, sonst wär' ich ganz blank. Also, weißt du was, Otto, hundert von den hundertzwanzig werd' ich heute für dich riskieren. Ich weiß, die Chance ist nicht überwältigend, aber der Tugut hat sich neulich gar nur mit fünfzig hingesetzt, und mit dreitausend ist er aufgestanden. Und dann kommt noch etwas hinzu: daß ich seit ein paar Monaten nicht das geringste Glück in der Liebe habe. Also vielleicht ist auf ein Sprichwort mehr Verlaß als auf die Menschen.«

Bogner schwieg.

»Nun – was denkst du über meine Idee?« fragte Willi.

Bogner zuckte die Achseln. »Ich dank' dir jedenfalls sehr – ich sag' natürlich nicht nein – obwohl –«

»Garantieren kann ich selbstverständlich nicht«, unterbrach ihn Willi mit übertriebener Lebhaftigkeit, »aber riskiert ist am End' auch nicht viel. Und wenn ich gewinn' – respektive von dem, was ich gewinn', gehören dir tausend – mindestens tausend gehören dir. Und wenn ich zufällig einen besonderen Riß machen sollte –«

»Versprich nicht zu viel«, sagte Otto mit trübem Lächeln. – »Aber jetzt will ich dich nicht länger aufhalten. Schon um meinetwillen. Und morgen früh werde ich mir erlauben – vielmehr... ich warte morgen früh um halb acht drüben vor der Alserkirche.« Und mit bitterem Lachen: »Wir können uns ja auch zufällig begegnet sein.« Den Versuch einer Erwiderung vonseiten Willis wehrte Bogner ab und fügte rasch hinzu: »Übrigens, ich lasse meine Hände unterdessen auch nicht im Schoß liegen. Siebzig Gulden hab' ich noch im Vermögen. Die riskier' ich heut nachmittag beim Rennen – auf dem Zehn-Kreuzer-Platz natürlich.« Er trat rasch zum Fenster, sah in den Kasernenhof hinab –: »Die Luft ist rein«, sagte er, verzog bitter-höhnisch den Mund, schlug den Kragen hoch, reichte Willi die Hand und ging.

Wilhelm seufzte leicht, sann eine Weile nach, dann machte er sich eilig zum Gehen fertig. Mit dem Zustand seiner Uniform war er übrigens nicht sehr zufrieden. Wenn er heute gewinnen sollte, war er entschlossen, sich mindestens einen neuen Waffenrock anzuschaffen. Das Dampfbad gab er in Anbetracht der vorgerückten Stunde auf; in jedem Falle aber wollte er sich einen Fiaker zur Bahn nehmen. Auf die zwei Gulden kam es heute wirklich nicht an.

2

Als er um die Mittagsstunde in Baden den Zug verließ, befand er sich in gar nicht übler Laune. Auf dem Bahnhof in Wien hatte der Oberstleutnant Wositzky – im Dienst ein sehr unangenehmer Herr – sich aufs freundlichste mit ihm unterhalten, und im Coupé hatten zwei junge Mädel so lebhaft mit ihm kokettiert, daß er um seines Tagesprogramms willen beinahe froh war, als sie nicht zugleich mit ihm ausstiegen. In all seiner günstigen Stimmung aber fühlte er sich doch versucht, dem einstigen Kameraden Bogner innerlich Vorwürfe zu machen, nicht einmal so sehr wegen des Eingriffs in die Kasse, der ja durch die unglückseligen äußeren Verhältnisse gewissermaßen entschuldbar war, als vielmehr wegen der dummen Spielgeschichte, mit der er sich vor drei Jahren die Karriere einfach abgeschnitten hatte. Ein Offizier mußte doch am Ende wissen, bis wohin er gehen durfte. Er selbst zum Beispiel war vor drei Wochen, als ihn das Unglück beständig verfolgte, einfach vom Kartentisch aufgestanden, obwohl der Konsul Schnabel ihm in der liebenswürdigsten Weise seine Börse zur Verfügung gestellt hatte. Er hatte überhaupt immer gewußt, Versuchungen zu widerstehen, und jederzeit war es ihm gelungen, mit der knappen Gage und den geringen Zuschüssen auszukommen, die er zuerst vom Vater und, nachdem dieser als Oberstleutnant in Temesvar gestorben war, von Onkel Robert erhalten hatte. Und seit diese Zuschüsse eingestellt waren, hatte er sich eben danach einzurichten gewußt: der Kaffeehausbesuch wurde eingeschränkt, von Neuanschaffungen wurde Abstand genommen, an Zigaretten gespart, und die Weiber durften einen überhaupt nichts mehr kosten. Ein kleines Abenteuer vor drei Monaten, das vielverheißend begonnen hatte, war daran gescheitert, daß Willi buchstäblich nicht in der Lage gewesen wäre, an einem gewissen Abend ein Nachtmahl für zwei Personen zu bezahlen.

Eigentlich traurig, dachte er. Niemals noch war ihm die Enge seiner Verhältnisse so deutlich zum Bewußtsein gekommen als heute – an diesem wunderschönen Frühlingstag, da er in einem leider nicht mehr sehr funkelnden Waffenrock, in drap Beinkleidern, die an den Knien ein wenig zu glänzen anfingen, und mit einer Kappe, die erheblich niedriger war, als die neueste Offiziersmode vorschrieb, durch die duftenden Parkanlagen den Weg zu dem Landhaus nahm, in dem die Familie Keßner wohnte – wenn es nicht gar ihr Besitz war. Zum erstenmal auch geschah es ihm heute, daß er die Hoffnung auf eine Einladung zum Mittagessen oder vielmehr den Umstand, daß ihm diese Erwartung eine Hoffnung bedeutete, als beschämend empfand.

Immerhin gab er sich nicht ungern darein, daß diese Hoffnung sich erfüllte, nicht nur wegen des schmackhaften Mittagessens und des trefflichen Weins, sondern auch darum, weil Fräulein Emilie, die zu seiner Rechten saß, durch freundliche Blicke und zutrauliche Berührungen, die übrigens durchaus als zufällig gelten konnten, sich als sehr angenehme Tischnachbarin erwies. Er war nicht der einzige Gast. Auch ein junger Rechtsanwalt war anwesend, den der Hausherr aus Wien mitgebracht hatte und der das Gespräch in einem fröhlichen, leichten, zuweilen auch etwas ironischen Tone zu führen wußte. Der Hausherr war höflich, aber etwas kühl gegenüber Willi, wie er ja im allgemeinen von den Sonntagsbesuchen des Herrn Leutnant, der seinen Damen im vergangenen Fasching auf einem Ball vorgestellt worden war und eine Aufforderung, gelegentlich einmal zum Tee zu kommen, vielleicht allzu wörtlich aufgefaßt hatte, nicht sonderlich entzückt zu sein schien. Auch die noch immer hübsche Hausfrau hatte offensichtlich keinerlei Erinnerung mehr daran, daß sie vor vierzehn Tagen auf einer etwas abseits gelegenen Gartenbank einer unerwartet kühnen Umarmung des Leutnants sich erst entzogen, als das Geräusch nahender Schritte auf dem Kies vernehmbar geworden war. Bei Tische war zuerst in allerlei für den Leutnant nicht ganz verständlichen Ausdrücken von einem Prozeß die Rede, den der Rechtsanwalt für den Hausherrn in Angelegenheit seiner Fabrik zu führen hatte; dann aber kam das Gespräch auf Landaufenthalte und Sommerreisen, und nun war auch für Willi die Möglichkeit gegeben, sich daran zu beteiligen. Er hatte vor zwei Jahren die Kaisermanöver in den Dolomiten mitgemacht, erzählte von Nachtlagern unter freiem Himmel, von den zwei schwarzlockigen Töchtern eines Kastelruther Wirts, die man wegen ihrer Unnahbarkeit die zwei Medusen genannt hatte, und von einem Feldmarschalleutnant, der sozusagen vor Willis Augen wegen eines mißglückten Reiterangriffs in Ungnade gefallen war. Und wie es ihm beim dritten oder vierten Glas Wein leicht zu geschehen pflegte, wurde er immer unbefangener, frischer, ja beinahe witzig. Er fühlte, wie er allmählich den Hausherrn für sich gewann, wie der Rechtsanwalt im Ton immer weniger ironisch wurde, wie in der Hausfrau eine Erinnerung aufzuschimmern begann; und ein lebhafter Druck von Emiliens Knie an dem seinen gab sich nicht mehr die Mühe, als zufällig zu gelten.

Zum schwarzen Kaffee erschien eine wohlbeleibte, ältere Dame mit ihren zwei Töchtern, denen Willi als »unser Tänzer vom Industriellenball« vorgestellt wurde. Es ergab sich bald, daß die drei Damen sich vor zwei Jahren gleichfalls in Südtirol aufgehalten hatten; und war es nicht der Herr Leutnant gewesen, den sie an einem schönen Sommertag an ihrem Hotel in Seis auf einem Rappen vorbeisprengen gesehen hatten? Willi wollte es nicht geradezu in Abrede stellen, obzwar er bei sich sehr gut wußte, daß er, ein kleiner Infanterieleutnant vom Achtundneunzigsten, niemals auf einem stolzen Roß durch irgendeine in Tirol oder sonstwo gelegene Ortschaft gesprengt sein konnte.

Die beiden jungen Damen waren anmutig in Weiß gekleidet; das Fräulein Keßner, hellrosa, in der Mitte, so liefen sie alle drei mutwillig über den Rasen.

»Wie drei Grazien, nicht wahr?« meinte der Rechtsanwalt. Wieder klang es wie Ironie, und dem Leutnant lag es auf der Zunge: Wie meinen Sie das, Herr Doktor? Doch es war um so leichter, diese Bemerkung zu unterdrücken, als Fräulein Emilie sich eben von der Wiese her umgewandt und ihm lustig zugewinkt hatte. Sie war blond, etwas größer als er, und es war anzunehmen, daß sie eine nicht unbeträchtliche Mitgift erwarten durfte. Aber bis man so weit war – wenn man überhaupt von solchen Möglichkeiten zu träumen wagte –, dauerte es noch lange, sehr lange, und die tausend Gulden für den verunglückten Kameraden mußten spätestens bis morgen früh beschafft sein.

So blieb ihm nichts übrig, als sich zu empfehlen, dem einstigen Oberleutnant Bogner zuliebe, gerade als die Unterhaltung im besten Gange war. Man gab sich den Anschein, als wollte man ihn zurückhalten, er bedauerte sehr; leider sei er verabredet, und vor allem mußte er einen Kameraden im Garnisonsspitale besuchen, der hier ein altes rheumatisches Leiden auskurierte. Auch hierzu lächelte der Rechtsanwalt ironisch. Ob denn dieser Besuch den ganzen Nachmittag in Anspruch nähme, fragte Frau Keßner, verheißungsvoll lächelnd. Willi zuckte unbestimmt die Achseln. Nun, jedenfalls würde man sich freuen, falls es ihm gelänge, sich frei zu machen, ihn im Laufe des heutigen Abends wiederzusehen.

Als er das Haus verließ, fuhren eben zwei elegante junge Herren im Fiaker vor, was Willi nicht angenehm berührte. Was konnte in diesem Hause sich nicht alles ereignen, während er genötigt war, für einen entgleisten Kameraden im Kaffeehaus tausend Gulden zu verdienen? Ob es nicht das weitaus Klügere wäre, sich auf die Sache gar nicht einzulassen und in einer halben Stunde etwa, nachdem man angeblich den kranken Freund besucht, wieder in den schönen Garten zu den drei Grazien zurückzukehren? Um so klüger, dachte er mit einiger Selbstgefälligkeit weiter, als seine Chancen für einen Gewinst im Spiel indes erheblich gesunken sein dürften.

3

Von einer Anschlagsäule starrte ihm ein großes, gelbes Rennplakat entgegen, und es fiel ihm ein, daß Bogner in dieser Stunde schon in der Freudenau bei den Rennen, ja vielleicht eben daran war, auf eigene Faust die rettende Summe zu gewinnen. Wie aber, wenn Bogner ihm einen solchen Glücksfall verschwiege, um noch überdies sich der tausend Gulden zu versichern, die Willi indes dem Konsul Schnabel oder dem Regimentsarzt Tugut im Kartenspiel abgewonnen? Nun ja, wenn man einmal tief genug gesunken war, um in eine fremde Kasse zu greifen... Und in ein paar Monaten oder Wochen würde Bogner wahrscheinlich wieder geradeso weit sein wie heute. Und was dann?

Musik klang zu ihm herüber. Es war irgendeine italienische

Ouvertüre von der halb verschollenen Art, wie sie überhaupt nur von Kurorchestern gespielt zu werden pflegen. Willi aber kannte sie gut. Vor vielen Jahren hatte er sie seine Mutter in Temesvar mit irgendeiner entfernten Verwandten vierhändig spielen hören. Er selbst hatte es nie so weit gebracht, der Mutter als Partner im Vierhändigspiel zu dienen, und als sie vor acht Jahren gestorben war, hatte es auch keine Klavierlektionen mehr gegeben wie früher manchmal, wenn er zu den Feiertagen von der Kadettenschule nach Hause gekommen war. Leise und etwas rührend klangen die Töne durch die zitternde Frühlingsluft.

Auf einer kleinen Brücke überschritt er den trüben Schwechatbach, und nach wenigen Schritten schon stand er vor der geräumigen, sonntäglich überfüllten Terrasse des Café Schopf. Nahe der Straße an einem kleinen Tischchen saß Leutnant Greising, der Patient, fahl und hämisch, mit ihm der dicke Theatersekretär Weiß in kanariengelbem, etwas zerknittertem Flanellanzug, wie immer mit einer Blume im Knopfloch. Nicht ohne Mühe drängte sich Willi zwischen den Tischen und Stühlen zu ihnen durch. »Wir sind ja spärlich gesät heute«, sagte er, ihnen die Hand reichend. Und es war ihm eine Erleichterung, zu denken, daß die Spielpartie vielleicht nicht zustandekommen würde. Greising aber klärte ihn auf, daß sie beide, er und der Theatersekretär, nur darum hier im Freien säßen, um sich für die »Arbeit« zu stärken. Die anderen seien schon drin, am Kartentisch; auch der Herr Konsul Schnabel, der übrigens wie gewöhnlich im Fiaker aus Wien herausgefahren sei.

Willi bestellte eine kalte Limonade; Greising fragte ihn, wo er sich denn so sehr erhitzt habe, daß er schon eines kühlenden Getränkes bedürfe, und bemerkte ohne weiteren Übergang, daß die Badener Mädel überhaupt hübsch und temperamentvoll seien. Hierauf berichtete er in nicht sonderlich gewählten Ausdrücken von einem kleinen Abenteuer, das er gestern abend im Kurpark eingeleitet und noch in derselben Nacht zum erwünschten Abschluß gebracht habe. Willi trank langsam seine Limonade, und Greising, der merkte, was jenem durch den Sinn gehen mochte, sagte, wie zur Antwort, mit einem kurzen Auflachen: »Das ist der Lauf der Welt, müssen halt andere auch dran glauben.«

Der Oberleutnant Wimmer vom Train, der von Ungebildeten oft für einen Kavalleristen gehalten wurde, stand plötzlich hinter ihnen: »Was glaubt ihr denn eigentlich, meine Herren, sollen wir allein uns mit dem Konsul abplagen?« Und er reichte Willi, der nach seiner Art, obwohl außer Dienst, dem ranghöheren Kameraden stramm salutiert hatte, die Hand.

»Wie steht's denn drin?« fragte Greising mißtrauisch und unwirsch.

»Langsam, langsam«, erwiderte Wimmer. »Der Konsul sitzt auf seinem Geld wie ein Drachen, auf meinem leider auch schon. Also auf in den Kampf, meine Herren Toreros.«

Die anderen erhoben sich. »Ich bin wo eingeladen«, bemerkte Willi, während er sich mit gespielter Gleichgültigkeit eine Zigarette anzündete. »Ich werde nur eine Viertelstunde kiebitzen.«

»Ha«, lachte Wimmer, »der Weg zur Hölle ist mit guten Vorsätzen gepflastert.« – »Und der zum Himmel mit schlechten«, bemerkte der Sekretär Weiß. – »Gut gegeben«, sagte Wimmer und klopfte ihm auf die Schulter.

Sie traten ins Innere des Kaffeehauses. Willi warf noch einen Blick zurück ins Freie, über die Villendächer, zu den Hügeln hin. Und er schwor sich zu, in spätestens einer halben Stunde bei Keßners im Garten zu sitzen.

Mit den anderen trat er in einen dämmerigen Winkel des Lokals, wo von Frühlingsluft und -licht nichts mehr zu merken war. Den Sessel hatte er weit zurückgeschoben, womit er deutlich zu erkennen gab, daß er keineswegs gesonnen sei, sich am Spiel zu beteiligen. Der Konsul, ein hagerer Herr von unbestimmtem Alter, mit englisch gestutztem Schnurrbart, rötlichem, schon etwas angegrautem, dünnem Haupthaar, elegant in Hellgrau gekleidet, gustierte eben mit der ihm eigenen Gründlichkeit eine Karte, die ihm Doktor Flegmann, der Bankhalter, zugeteilt hatte. Er gewann, und Doktor Flegmann nahm neue Banknoten aus seiner Brieftasche.

»Zuckt nicht mit der Wimper«, bemerkte Wimmer mit ironischer Hochachtung.

»Wimperzucken ändert nichts an gegebenen Tatsachen«, erwiderte Flegmann kühl mit halbgeschlossenen Augen. Der Regimentsarzt Tugut, Abteilungschef im Badener Garnisonsspital, legte eine Bank mit zweihundert Gulden auf.

Das ist heute wirklich nichts für mich, dachte Willi und schob seinen Sessel noch weiter zurück.

Der Schauspieler Elrief, ein junger Mensch aus gutem Hause, berühmter um seiner Beschränktheit als um seines Talents willen, ließ Willi in die Karten sehen. Er setzte kleine Beträge und schüttelte ratlos den Kopf, wenn er verlor. Tugut hatte bald seine Bank verdoppelt. Sekretär Weiß machte bei Elrief eine Anleihe, und Doktor Flegmann nahm neuerdings Geld aus der Brieftasche. Tugut wollte sich zurückziehen, als der Konsul, ohne nachzuzählen, sagte: »Hopp, die Bank.« Er verlor, und mit einem Griff in die Westentasche beglich er seine Schuld, die dreihundert Gulden betrug. »Noch einmal hopp«, sagte er. Der Regimentsarzt lehnte ab, Doktor Flegmann übernahm die Bank und teilte aus. Willi nahm keine Karte an; nur zum Spaß, auf Elriefs dringendes Zureden, »um ihm Glück zu bringen«, setzte er auf dessen Blatt einen Gulden – und gewann. Bei der nächsten Runde warf Doktor Flegmann auch ihm eine Karte hin, die er nicht zurückwies. Er gewann wieder, verlor, gewann, rückte seinen Sessel nahe an den Tisch zwischen die andern, die ihm bereitwilligst Platz machten; und gewann – verlor – gewann – verlor, als könnte sich das Schicksal nicht recht entscheiden. Der Sekretär mußte ins Theater und vergaß, Herrn Elrief den entliehenen Betrag zurückzugeben, obwohl er längst einen weit höheren zurückgewonnen hatte. Willi war ein wenig im Gewinn, aber zu den tausend Gulden fehlten immerhin noch etwa neunhundertundfünfzig.

»Es tut sich nichts«, stellte Greising unzufrieden fest. Nun übernahm der Konsul wieder die Bank, und alle spürten in diesem Augenblick, daß es endlich ernst werden würde.

Man wußte vom Konsul Schnabel nicht viel mehr, als daß er

eben Konsul war, Konsul eines kleinen Freistaats in Südamerika und »Großkaufmann«. Der Sekretär Weiß war es, der ihn in die Offiziersgesellschaft eingeführt hatte, und des Sekretärs Beziehungen zu ihm stammten daher, daß der Konsul ihn für das Engagement einer kleinen Schauspielerin zu interessieren gewußt hatte, die sofort nach Antritt ihrer bescheidenen Stellung in ein näheres Verhältnis zu Herrn Elrief getreten war. Gern hätte man sich nach guter alter Sitte über den betrogenen Liebhaber lustig gemacht, aber als dieser kürzlich, während er Karten austeilte, an Elrief, der eben an der Reihe war, ohne aufzublicken, die Zigarre zwischen den Zähnen, die Frage gerichtet hatte: »Na, wie geht's denn unserer gemeinsamen kleinen Freundin?« war es klar, daß man diesem Mann gegenüber mit Spott und Späßen in keiner Weise auf die Kosten kommen würde. Dieser Eindruck befestigte sich, als er dem Leutnant Greising, der einmal spät nachts zwischen zwei Gläsern Kognak eine anzügliche Bemerkung über Konsuln unerforschter Landstriche ins Gespräch warf, mit einem stechenden Blick entgegnet hatte: »Warum frozzeln Sie mich, Herr Leutnant? Haben Sie sich schon erkundigt, ob ich satisfaktionsfähig bin?«

Bedenkliche Stille war nach dieser Erwiderung eingetreten, aber wie nach einem geheimen Übereinkommen wurden keinerlei weitere Konsequenzen gezogen, und man entschloß sich, ohne Verabredung, aber einmütig, nur zu einem vorsichtigeren Benehmen ihm gegenüber.

Der Konsul verlor. Man hatte nichts dagegen, daß er, entgegen sonstiger Gepflogenheiten, sofort eine neue Bank und, nach neuerlichem Verlust, eine dritte auflegte. Die übrigen Spieler gewannen, Willi vor allen. Er steckte sein Anfangskapital, die hundertundzwanzig Gulden, ein, die sollten keineswegs mehr riskiert werden. Er legte nun selbst eine Bank auf, hatte sie bald verdoppelt, zog sich zurück, und mit kleinen Unterbrechungen blieb ihm das Glück auch gegen die übrigen Bankhalter treu, die einander rasch ablösten. Der Betrag von tausend Gulden, den er – für einen andern – zu gewinnen unternommen hatte, war um einige hundert überschritten, und da eben Herr Elrief sich erhob, um sich ins Theater zu begeben, zwecks Darstellung einer Rolle, über die er trotz ironisch interessierter Frage Greisings nichts weiter verlauten ließ, benützte Willi die Gelegenheit, sich anzuschließen. Die andern waren gleich wieder in ihr Spiel vertieft; und als Willi an der Tür sich noch einmal umwandte, sah er, daß ihm nur das Auge des Konsuls mit einem kalten, raschen Aufschauen von den Karten gefolgt war.

4

Nun erst, da er wieder im Freien stand und linde Abendluft um seine Stirn strich, kam er zum Bewußtsein seines Glücks oder, wie er sich gleich verbesserte, zum Bewußtsein von Bogners Glück. Doch auch ihm selbst blieb immerhin so viel, daß er sich, wie er geträumt, einen Waffenrock, eine neue Kappe und ein neues Portepee anschaffen konnte. Auch für etliche Soupers in angenehmer Gesellschaft, die sich nun leicht finden würde, waren die nötigen Fonds vorhanden. Aber abgesehen davon – welche Genugtuung, morgen früh halb acht dem alten Kameraden vor der Alserkirche die rettende Summe überreichen zu können, – tausend Gulden, ja, den berühmten blanken Tausender, von dem er bisher nur in Büchern gelesen hatte und den er nun tatsächlich mit noch einigen Hunderter-Banknoten in der Brieftasche verwahrte. So, mein lieber Bogner, da hast du. Genau die tausend Gulden habe ich gewonnen. Um ganz präzis zu sein, tausendeinhundertfünfundfünzig. Dann hab' ich aufgehört. Selbstbeherrschung, was? Und hoffentlich, lieber Bogner, wirst du von nun ab – – Nein, nein, er konnte doch dem früheren Kameraden keine Moralpredigt halten. Der würde es sich schon selbst zur Lehre dienen lassen und hoffentlich auch taktvoll genug sein, um aus diesem für ihn so günstig erledigten Zwischenfall nicht etwa die Berechtigung zu einem weiteren freundschaftlichen Verkehr abzuleiten. Vielleicht aber war es doch vorsichtiger oder sogar richtiger, den Burschen mit dem Geld zur Alserkirche hinüberzuschicken.

Auf dem Weg zu Keßners fragte sich Willi, ob sie ihn auch zum Nachtmahl dortbehalten würden. Ah, auf das Nachtmahl kam es ihm jetzt glücklicherweise nicht mehr an. Er war ja jetzt selber reich genug, um die ganze Gesellschaft zu einem Souper einzuladen. Schade nur, daß man nirgends Blumen zu kaufen bekam. Aber eine Konditorei, an der er vorüberkam, war geöffnet, und so entschloß er sich, eine Tüte Bonbons und, an der Tür wieder umkehrend, eine zweite noch größere zu kaufen, und überlegte, wie er die beiden zwischen Mutter und Tochter richtig zu verteilen hätte.

Als er bei Keßners in den Vorgarten trat, ward ihm vom Stubenmädchen die Auskunft, die Herrschaften, ja die ganze Gesellschaft sei ins Helenental gefahren, wahrscheinlich zur Krainerhütte. Die Herrschaften würden wohl auch auswärts soupieren, wie meistens Sonntag abend.

Gelinde Enttäuschung malte sich in Willis Zügen, und das Stubenmädchen lächelte mit einem Blick auf die beiden Tüten, die der Leutnant in der Hand hielt. Ja, was sollte man nun damit anfangen! »Ich lasse mich bestens empfehlen und – bitte schön« – er reichte dem Stubenmädchen die Tüten hin –, »die größere ist für die gnädige Frau, die andere für das Fräulein, und ich hab' sehr bedauert.« – »Vielleicht, wenn der Herr Leutnant sich einen Wagen nehmen – jetzt sind die Herrschaften gewiß noch in der Krainerhütte.« Willi sah nachdenklich-wichtig auf die Uhr: »Ich werd' schaun«, bemerkte er nachlässig, salutierte mit scherzhaft übertriebener Höflichkeit und ging.

Da stand er nun allein in der abendlichen Gasse. Eine fröhliche kleine Gesellschaft von Touristen, Herren und Damen mit bestaubten Schuhen, zog an ihm vorbei. Vor einer Villa auf einem Strohsessel saß ein alter Herr und las Zeitung. Etwas weiter auf einem Balkon eines ersten Stockwerks saß, häkelnd, eine ältere Dame und sprach mit einer andern, die im Haus gegenüber, die gekreuzten Arme auf der Brüstung, am offenen Fenster lehnte. Es schien Willi, als wären diese paar Menschen die einzigen in dem Städtchen, die zu dieser Stunde nicht ausgeflogen waren. Keßners hätten wohl bei dem Stubenmädchen ein Wort für ihn zurücklassen können. Nun, er wollte sich nicht aufdrängen. Im Grunde hatte er das nicht nötig. Aber was tun? Gleich nach Wien zurückfahren? Wäre vielleicht das Vernünftigste! Wie, wenn man die Entscheidung dem Schicksal überließe?

Zwei Wagen standen vor dem Kursalon. »Wie viel verlangen S' ins Helenental?« Der eine Kutscher war bestellt, der andere forderte einen geradezu unverschämten Preis. Und Willi entschied sich für einen Abendgang durch den Park.

Er war zu dieser Stunde noch ziemlich gut besucht. Ehe- und Liebespaare, die Willi mit Sicherheit voneinander zu unterscheiden sich getraute, auch junge Mädchen und Frauen, allein, zu zweit, zu dritt, lustwandelten an ihm vorüber, und er begegnete manchem lächelnden, ja ermutigenden Blick. Aber man konnte nie wissen, ob nicht ein Vater, ein Bruder, ein Bräutigam hinterherging, und ein Offizier war doppelt und dreifach zur Vorsicht verpflichtet. Einer dunkeläugigen, schlanken Dame, die einen Knaben an der Hand führte, folgte er eine Weile. Sie stieg die Treppe zur Terrasse des Kursalons hinauf, schien jemanden zu suchen, anfangs vergeblich, bis ihr von einem entlegenen Tisch aus lebhaft zugewinkt wurde, worauf sie, mit einem spöttischen Blick Willi streifend, inmitten einer größeren Gesellschaft Platz nahm. Auch Willi tat nun, als suchte er einen Bekannten, trat von der Terrasse aus ins Restaurant, das ziemlich leer war, kam von dort in die Eingangshalle, dann in den schon erleuchteten Lesesaal, wo an einem langen, grünen Tisch als einziger Herr ein pensionierter General in Uniform saß. Willi salutierte, schlug die Hacken zusammen, der General nickte verdrossen, und Willi machte eilig wieder kehrt. Draußen vor dem Kursalon stand noch immer der eine von den Fiakern, und der Kutscher erklärte sich ungefragt bereit, den Herrn Leutnant billig ins Helenental zu fahren. »Ja, jetzt zahlt sich's nimmer aus«, meinte Willi, und geflügelten Schritts nahm er den Weg zum Café Schopf.

5

Die Spieler saßen da, als wäre seit Willis Fortgang keine Minute vergangen, in gleicher Weise gruppiert wie vorher. Unter grünem Schirm leuchtete fahl das elektrische Licht. Um des Konsuls Mund, der als erster seinen Eintritt bemerkt hatte, glaubte Willi ein spöttisches Lächeln zu gewahren. Niemand äußerte die geringste Verwunderung, als Willi seinen leergebliebenen Sessel wieder zwischen die andern rückte. Doktor Flegmann, der eben Bank hielt, teilte ihm eine Karte zu, als verstünde sich das von selbst. In der Eile setzte Willi eine größere Banknote, als er beabsichtigt hatte, gewann, setzte vorsichtig weiter; das Glück aber wendete sich, und bald kam ein Augenblick, in dem der Tausender ernstlich gefährdet schien. Was liegt daran, dachte sich Willi, ich hätt' ja doch nichts davon gehabt. Aber nun gewann er wieder, er hatte es nicht nötig, die Banknote zu wechseln, das Glück blieb ihm treu, und um neun Uhr, als man das Spiel beschloß, fand sich Willi im Besitz von über zweitausend Gulden. Tausend für Bogner, tausend für mich, dachte er. Die Hälfte davon reservier' ich mir als Spielfonds für nächsten Sonntag. Aber er fühlte sich nicht so glücklich, als es doch natürlich gewesen wäre.

Man begab sich zum Nachtmahl in die ›Stadt Wien‹, saß im Garten unter einer dichtbelaubten Eiche, sprach über Hasardspiel im allgemeinen und über berühmt gewordene Kartenpartien mit riesigen Differenzen im Jockeiklub. »Es ist und bleibt ein Laster«, behauptete Doktor Flegmann ganz ernsthaft. Man lachte, aber Oberleutnant Wimmer zeigte Lust, die Bemerkung krumm zu nehmen. Was bei Advokaten vielleicht ein Laster sei, bemerkte er, sei darum noch lange keines bei Offizieren. Doktor Flegmann erklärte höflich, daß man zugleich lasterhaft und doch ein Ehrenmann sein könne, wofür zahlreiche Beispiele seien: Don Juan zum Beispiel oder der Herzog von Richelieu. Der Konsul meinte, ein Laster sei das Spiel nur, wenn man seine Spielschulden zu zahlen nicht imstande sei. Und in diesem Fall sei es eigentlich kein Laster mehr, sondern ein Betrug; nur eine feigere Art davon. Man schwieg ringsum. Glücklicherweise erschien eben Herr Elrief, mit einer Blume im Knopfloch und sieghaften Augen. »Schon den Ovationen entzogen?« fragte Greising. – »Ich bin im vierten Akt nicht beschäftigt«, erwiderte der Schauspieler und streifte nachlässig seinen Handschuh ab in der Art etwa, wie er vorhatte, es in irgendeiner nächsten Novität als Vicomte oder Marquis zu tun. Greising zündete sich eine Zigarre an. »Wär' g'scheiter, du tät'st nicht rauchen«, sagte Tugut.

»Aber Herr Regimentsarzt, ich hab' ja nix mehr im Hals«, erwiderte Greising.

Der Konsul hatte einige Flaschen ungarischen Weins bestellt. Man trank einander zu. Willi sah auf die Uhr. »Oh, ich muß mich leider verabschieden. Um zehn Uhr vierzig geht der letzte Zug.« – »Trinken Sie nur aus«, sagte der Konsul, »mein Wagen bringt Sie zur Bahn.« – »Oh, Herr Konsul, das kann ich keinesfalls...«

»Kannst schon«, unterbrach ihn Oberleutnant Wimmer.

»Na, was is'«, fragte der Regimentsarzt Tugut, »machen wir heut noch was?«

Keiner hatte gezweifelt, daß die Partie nach dem Abendessen ihre Fortsetzung finden werde. Es war jeden Sonntag dasselbe. »Aber nicht lang«, sagte der Konsul. – Die haben's gut, dachte Willi und beneidete sie alle um die Aussicht, sich gleich wieder an den Kartentisch zu setzen, das Glück versuchen, Tausende gewinnen zu können. Der Schauspieler Elrief, dem der Wein sofort zu Kopf stieg, bestellte mit einem etwas dummen und frechen Gesicht dem Konsul einen Gruß von Fräulein Rihoschek, wie ihre gemeinschaftliche Freundin hieß. »Warum haben S' das Fräulein nicht gleich mitgebracht, Herr Mimius?« fragte Greising. – »Sie kommt später ins Kaffeehaus kiebitzen, wenn der Herr Konsul erlaubt«, sagte Elrief. Der Konsul verzog keine Miene.

Willi trank aus und erhob sich. »Auf nächsten Sonntag«, sagte Wimmer, »da werden wir dich wieder etwas leichter machen.« – Da werdet ihr euch täuschen, dachte Willi, man kann überhaupt nicht verlieren, wenn man vorsichtig ist. – »Sie sind so freundlich, Herr Leutnant«, bemerkte der Konsul, »und schicken den

Kutscher vom Bahnhof gleich wieder zurück zum Kaffeehaus«, und zu den übrigen gewendet: »aber so spät, respektive so früh wie neulich darf's heut nicht werden, meine Herren.«

Willi salutierte nochmals in die Runde und wandte sich zum Gehen. Da sah er zu seiner angenehmen Überraschung an einem der benachbarten Tische die Familie Keßner und die Dame von nachmittags mit ihren zwei Töchtern sitzen. Weder der ironische Advokat war da, noch die eleganten jungen Herren, die im Fiaker bei der Villa vorgefahren waren. Man begrüßte ihn sehr liebenswürdig, er blieb am Tisch stehen, war heiter, unbefangen – ein fescher, junger Offizier, in behaglichen Umständen, überdies nach drei Gläsern eines kräftigen ungarischen Weins, und in diesem Augenblick ohne Konkurrenten, angenehm »montiert«. Man forderte ihn auf, Platz zu nehmen, er lehnte dankend ab mit einer lässigen Geste zum Ausgang hin, wo der Wagen wartete. Immerhin hatte er noch einige Fragen zu beantworten: wer denn der hübsche junge Mensch in Zivil sei? – Ah, ein Schauspieler? – Elrief? – Man kannte nicht einmal den Namen. Das Theater hier sei überhaupt recht mäßig, höchstens Operetten könne man sich ansehen, so behauptete Frau Keßner. Und mit einem verheißungsvollen Blick regte sie an: wenn der Herr Leutnant nächstens wieder herauskäme, könnte man vielleicht gemeinsam die Arena besuchen. »Das netteste wäre«, meinte Fräulein Keßner, »man nähme zwei Logen nebeneinander«, und sie sandte ein Lächeln zu Herrn Elrief hinüber, der es leuchtend erwiderte. Willi küßte allen Damen die Hand, grüßte noch einmal hinüber zu dem Tisch der Offiziere, und eine Minute drauf saß er im Fiaker des Konsuls. »G'schwind«, sagte er dem Kutscher, »Sie kriegen ein gutes Trinkgeld.« In der Gleichgültigkeit, mit der der Kutscher dieses Versprechen hinnahm, glaubte Willi einen ärgerlichen Mangel an Respekt zu verspüren. Immerhin liefen die Pferde vortrefflich, und in fünf Minuten war man beim Bahnhof. In dem gleichen Augenblick aber setzte sich auch oben in der Station der Zug, der eine Minute früher eingefahren war, in Bewegung. Willi war aus dem Wagen gesprungen, blickte den erleuchteten Waggons nach, wie sie sich langsam und schwer über den Viadukt fortwälzten, hörte den Pfiff der Lokomotive in der Nachtluft verwehen, schüttelte den Kopf und wußte selbst nicht, ob er ärgerlich oder froh war. Der Kutscher saß gleichgültig auf dem Bock und streichelte das eine Roß mit dem Peitschenstiel. »Da kann man nix machen«, sagte Willi endlich. Und zum Kutscher: »Also fahren wir zurück zum Café Schopf.«

6

Es war hübsch, so im Fiaker durch das Städtchen zu sausen; aber noch viel hübscher würde es sein, nächstens einmal an einem lauen Sommerabend in Gesellschaft irgendeines anmutigen weiblichen Wesens aufs Land hinaus zu fahren – nach Rodaun oder zum Roten Stadl – und dort im Freien zu soupieren. Ah, welche Wonne, nicht mehr genötigt zu sein, jeden Gulden zweimal umzudrehen, ehe man sich entschließen durfte, ihn auszugeben. Vorsicht, Willi, Vorsicht, sagte er sich, und er nahm sich fest vor, keineswegs den ganzen Spielgewinn zu riskieren, sondern höchstens die Hälfte. Und überdies wollte er das System Flegmann anwenden: mit einem geringen Einsatz beginnen; – nicht höher gehen, bevor man einmal gewonnen, dann aber niemals das Ganze aufs Spiel setzen, sondern nur dreiviertel des Gesamtbetrages – und so weiter. Doktor Flegmann fing immer mit diesem System an, aber es fehlte ihm an der nötigen Konsequenz, es durchzuführen. So konnte er natürlich auf keinen grünen Zweig kommen.

Willi schwang sich vor dem Kaffeehaus aus dem Wagen, noch ehe dieser hielt, und gab dem Kutscher ein nobles Trinkgeld; so viel, daß auch ein Mietwagen ihn kaum hätte mehr kosten können. Der Dank des Kutschers fiel zwar immer noch zurückhaltend, aber immerhin freundlich genug aus.

Die Spielpartie war vollzählig beisammen, auch die Freundin des Konsuls, Fräulein Mizi Rihoschek, war anwesend; stattlich, mit überschwarzen Augenbrauen, im übrigen nicht allzusehr geschminkt, in hellem Sommerkleid, einen flachkrempigen

Strohhut mit rotem Band auf dem braunen, hochgewellten Haar, so saß sie neben dem Konsul, den Arm um die Lehne seines Sessels geschlungen, und schaute ihm in die Karten. Er blickte nicht auf, als Willi an den Tisch trat, und doch spürte der Leutnant, daß der Konsul sofort sein Kommen bemerkt hatte. »Ah, Zug versäumt«, meinte Greising. – »Um eine halbe Minute«, erwiderte Willi. – »Ja, das kommt davon«, sagte Wimmer und teilte Karten aus. Flegmann empfahl sich eben, weil er dreimal hintereinander mit einem kleinen Schlager gegen einen großen verloren hatte. Herr Elrief harrte noch aus, aber er besaß keinen Kreuzer mehr. Vor dem Konsul lag ein Haufen Banknoten. »Das geht ja hoch her«, sagte Willi und setzte gleich zehn Gulden statt fünf, wie er sich eigentlich vorgenommen hatte. Seine Kühnheit belohnte sich: er gewann und gewann immer weiter. Auf einem kleinen Nebentisch stand eine Flasche Kognak. Fräulein Rihoschek schenkte dem Leutnant ein Gläschen ein und reichte es ihm mit schwimmendem Blick. Elrief bat ihn, ihm bis morgen mittag punkt zwölf Uhr fünfzig Gulden leihweise zur Verfügung zu stellen. Willi schob ihm die Banknote hin, eine Sekunde darauf war sie zum Konsul gewandert. Elrief erhob sich, Schweißtropfen auf der Stirn. Da kam eben im gelben Flanellanzug der Direktionssekretär Weiß, ein leise geführtes Gespräch hatte zur Folge, daß der Sekretär sich entschloß, dem Schauspieler die am Nachmittag von ihm entliehene Summe zurückzuerstatten. Elrief verlor auch dies Letzte, und anders als es der Vicomte getan hätte, den er nächstens einmal zu spielen hoffte, rückte er wütend den Sessel, stand auf, stieß einen leisen Fluch aus und verließ den Raum. Als er nach einer Weile nicht wiederkam, erhob sich Fräulein Rihoschek, strich dem Konsul zärtlich-zerstreut über das Haupt und verschwand gleichfalls.

Wimmer und Greising, sogar Tugut waren vorsichtig geworden, da das Ende der Partie nahe war; nur der Direktionssekretär zeigte noch einige Verwegenheit. Doch das Spiel hatte sich allmählich zu einem Einzelkampf zwischen dem Leutnant Kasda und dem Konsul Schnabel gestaltet. Willis Glück hatte sich gewendet, und außer den tausend für den alten Kameraden Bogner hatte Willi kaum hundert Gulden mehr. Sind die hundert weg, so hör' ich auf, unbedingt, schwor er sich zu. Aber er glaubte selbst nicht daran. Was geht mich dieser Bogner eigentlich an? dachte er. Ich habe doch keinerlei Verpflichtung.

Fräulein Rihoschek erschien wieder, trällerte eine Melodie, richtete vor dem großen Spiegel ihre Frisur, zündete sich eine Zigarette an, nahm ein Billardqueue, versuchte ein paar Stöße, stellte das Queue wieder in die Ecke, dann wippte sie bald die weiße, bald die rote Kugel mit den Fingern über das grüne Tuch. Ein kalter Blick des Konsuls rief sie herbei, trällernd nahm sie ihren Platz an seiner Seite wieder ein und legte ihren Arm über die Lehne. Von draußen, wo es schon seit langem ganz still geworden war, erklang nun vielstimmig ein Studentenlied. Wie kommen die heute noch nach Wien zurück? fragte sich Willi. Dann fiel ihm ein, daß es vielleicht Badener Gymnasiasten waren, die draußen sangen. Seit Fräulein Rihoschek ihm gegenübersaß, begann das Glück sich ihm zögernd wieder zuzuwenden. Der Gesang entfernte sich, verklang; eine Kirchturmuhr schlug. »Dreiviertel eins«, sagte Greising. – »Letzte Bank«, erklärte der Regimentsarzt. – »Jeder noch eine«, schlug der Oberleutnant Wimmer vor. – Der Konsul gab durch Nicken sein Einverständnis kund.

Willi sprach kein Wort. Er gewann, verlor, trank ein Glas Kognak, gewann, verlor, zündete sich eine neue Zigarette an, gewann und verlor. Tuguts Bank hielt sich lange. Mit einem hohen Satz des Konsuls war sie endgültig erledigt. Sonderbar genug erschien Herr Elrief wieder, nach beinahe einstündiger Abwesenheit, und, noch sonderbarer, er hatte wieder Geld bei sich. Vornehm lässig, als wäre nichts geschehen, setzte er sich hin, wie jener Vicomte, den er doch niemals spielen würde, und er hatte eine neue Nuance vornehmer Lässigkeit, die eigentlich von Doktor Flegmann herrührte: halb geschlossene, müde Augen. Er legte eine Bank von dreihundert Gulden auf, als verstünde sich das von selbst, und gewann. Der Konsul verlor gegen ihn, gegen den Regimentsarzt und ganz besonders gegen Willi, der sich bald im Besitz von nicht weniger als dreitausend Gulden befand. Das bedeutete: neuer Waffenrock, neues Portepee, neue Wäsche, Lackschuhe, Zigaretten, Nachtmähler zu zweit, zu dritt, Fahrten in den Wienerwald, zwei Monate Urlaub mit Karenz der Gebühren – und um zwei Uhr hatte er viertausendzweihundert Gulden gewonnen. Da lagen sie vor ihm, es war kein Zweifel: viertausendzweihundert Gulden und etwas darüber. Die übrigen alle waren zurückgefallen, spielten kaum mehr. »Es ist genug«, sagte Konsul Schnabel plötzlich. Willi fühlte sich zwiespältig bewegt. Wenn man jetzt aufhörte, so konnte ihm nichts mehr geschehen, und das war gut. Zugleich aber spürte er eine unbändige, eine wahrhaft höllische Lust, weiterzuspielen, noch einige, alle die blanken Tausender aus der Brieftasche des Konsuls in die seine herüberzuzaubern. Das wäre ein Fonds, damit könnte man sein Glück machen. Es mußte ja nicht immer Bakkarat sein – es gab auch die Wettrennen in der Freudenau und den Trabrennplatz, auch Spielbanken gab es, Monte Carlo zum Beispiel, unten am Meeresstrand –, mit köstlichen Weibern aus Paris ... Während so seine Gedanken trieben, versuchte der Regimentsarzt den Konsul zu einer letzten Bank zu animieren. Elrief, als wäre er der Gastgeber, schenkte Kognak ein. Er selbst trank das achte Glas. Fräulein Mizi Rihoschek wiegte den Körper und trällerte eine innere Melodie. Tugut nahm die verstreuten Karten auf und mischte. Der Konsul schwieg. Dann, plötzlich, rief er nach dem Kellner und ließ zwei neue, unberührte Spiele bringen. Ringsum die Augen leuchteten. Der Konsul sah auf die Uhr und sagte: »Punkt halb drei Schluß, ohne Pardon.« Es war fünf Minuten nach zwei.

7

Der Konsul legte eine Bank auf, wie sie in diesem Kreise noch nicht erlebt worden war, eine Bank von dreitausend Gulden. Außer der Spielergesellschaft und einem Kellner befand sich kein Mensch mehr im Café. Durch die offenstehende Tür drangen von draußen her morgendliche Vogelstimmen. Der Konsul verlor, aber er hielt sich vorläufig mit seiner Bank. Elrief hatte sich vollkommen erholt, und auf einen mahnenden Blick des Fräulein Rihoschek zog er sich vom Spiel zurück. Die anderen, alle in mäßigem Gewinn, setzten bescheiden und vorsichtig weiter. Noch war die Bank zur Hälfte unberührt.

»Hopp«, sagte Willi plötzlich und erschrak vor seinem eigenen Wort, ja vor seiner Stimme. Bin ich verrückt geworden? dachte er. Der Konsul deckte »Neun« auf, einen großen Schlager, und Willi war um fünfzehnhundert Gulden ärmer. Nun, in Erinnerung an das System Flegmann, setzte Willi einen lächerlich kleinen Betrag, fünfzig Gulden, und gewann. Zu dumm, dachte er. Das Ganze hätte ich mit einem Schlage zurückgewinnen können! Warum war ich so feig. »Wieder hopp.« Er verlor. »Noch einmal hopp.« Der Konsul schien zu zögern. »Was fallt dir denn ein, Kasda«, rief der Regimentsarzt. Willi lachte und spürte es wie einen Schwindel in die Stirne steigen. War es vielleicht der Kognak, der ihm die Besinnung trübte? Offenbar. Er hatte sich natürlich geirrt, er hatte nicht im Traum daran gedacht, tausend oder zweitausend auf einmal zu setzen. »Entschuldigen, Herr Konsul, ich habe eigentlich gemeint –«. Der Konsul ließ ihn nicht zu Ende sprechen. Freundlich bemerkte er: »Wenn Sie nicht gewußt haben, welcher Betrag noch in der Bank steht, so nehme ich natürlich ihren Rückzug zur Kenntnis.« – »Wieso zur Kenntnis, Herr Konsul?« sagte Willi. »Hopp ist hopp.« – War er das selbst, der sprach? Seine Worte? Seine Stimme? Wenn er verlor, dann war es aus mit dem neuen Waffenrock, dem neuen Portepee, den Soupers in angenehmer weiblicher Gesellschaft; – da blieben eben noch die tausend für den Defraudanten, den Bogner – und er selbst war ein armer Teufel wie zwei Stunden vorher.

Wortlos deckte der Konsul sein Blatt auf. Neun. Niemand sprach die Zahl aus, doch sie klang geisterhaft durch den Raum. Willi fühlte eine seltsame Feuchtigkeit auf der Stirne. Donnerwetter, ging das geschwind! Immerhin, er hatte noch tausend Gulden vor sich liegen, sogar etwas darüber. Er wollte nicht zählen, das brachte vielleicht Unglück. Um wieviel reicher war er immer noch als heute mittag, da er aus dem Zug gestiegen war. Heute mittag – Und es zwang ihn doch nichts, auf einmal die ganzen tausend Gulden aufs Spiel zu setzen! Man konnte ja wieder mit hundert oder zweihundert anfangen. System Flegmann. Nur leider war so wenig Zeit mehr, kaum zwanzig Minuten. Schweigen ringsum. »Herr Leutnant«, äußerte der Konsul fragend. – »Ach ja«, lachte Willi und faltete den Tausender zusammen. »Die Hälfte, Herr Konsul«, sagte er. – »Fünfhundert? –«

Willi nickte. Auch die anderen setzten der Form wegen. Aber ringsum war schon die Stimmung des Aufbruchs. Der Oberleutnant Wimmer stand aufrecht mit umgehängtem Mantel. Tugut lehnte am Billardbrett. Der Konsul deckte seine Karte auf, »Acht«, und die Hälfte von Willis Tausender war verspielt. Er schüttelte den Kopf, als ginge es nicht mit rechten Dingen zu. »Den Rest«, sagte er und dachte: Bin eigentlich ganz ruhig. Er gustierte langsam. Acht. Der Konsul mußte eine Karte kaufen. Neun. Und fort waren die fünfhundert, fort die tausend. Alles fort. – Alles? Nein. Er hatte ja noch seine hundertzwanzig Gulden, mit denen er mittags angekommen war, und etwas darüber. Komisch, da war man nun plötzlich wirklich ein armer Teufel wie vorher. Und da draußen sangen die Vögel... wie damals... als er noch nach Monte Carlo hätte fahren können. Ja, nun mußte er leider aufhören, denn die paar Gulden durfte man doch nicht mehr riskieren... aufhören, obzwar noch eine Viertelstunde Zeit war. Was für Pech. In einer Viertelstunde konnte man geradeso gut fünftausend Gulden gewinnen, als man sie verloren hatte. »Herr Leutnant«, fragte der Konsul. – »Bedauere sehr«, erwiderte Willi mit einer hellen, schnarrenden Stimme und wies auf die paar armseligen Banknoten, die vor ihm lagen. Seine Augen lachten geradezu, und wie zum Spaß setzte er zehn Gulden auf ein Blatt. Er gewann. Dann zwanzig und gewann wieder. Fünfzig – und gewann. Das Blut stieg ihm zu Kopf, er hätte weinen mögen vor Wut. Jetzt war das Glück da – und es kam zu spät. Und mit einem plötzlichen, kühnen Einfall wandte er sich an den Schauspieler, der hinter ihm neben Fräulein Rihoschek stand. »Herr von Elrief, möchten Sie jetzt vielleicht so freundlich sein, mir zweihundert Gulden zu leihen?«

»Tut mir unendlich leid«, erwiderte Elrief achselzuckend vornehm. »Sie haben ja gesehen, Herr Leutnant, ich habe alles verloren bis auf den letzten Kreuzer.« – Es war eine Lüge, jeder wußte es. Aber es schien, als fänden es alle ganz in Ordnung, daß der Schauspieler Elrief den Herrn Leutnant anlog. Da schob ihm der Konsul lässig einige Banknoten hinüber, anscheinend ohne zu zählen. »Bitte sich zu bedienen«, sagte er. Der Regimentsarzt Tugut räusperte vernehmlich. Wimmer mahnte: »Ich möcht' jetzt aufhören an deiner Stelle, Kasda.« Willi zögerte. – »Ich will Ihnen keineswegs zureden, Herr Leutnant«, sagte Schnabel. Er hatte die Hand noch leicht über das Geld gebreitet. Da griff Willi hastig nach den Banknoten, dann tat er, als wollte er sie zählen. »Fünfzehnhundert sind's«, sagte der Konsul, »Sie können sich darauf verlassen, Herr Leutnant. Wünschen Sie ein Blatt?« – Willi lachte: »Na, was denn?« – »Ihr Einsatz, Herr Leutnant?« – »Oh, nicht das Ganze«, rief Willi aufgeräumt, »arme Leute müssen sparen, tausend für'n Anfang.« Er gustierte, der Konsul gleichfalls mit gewohnter, ja übertriebener Langsamkeit. Willi mußte eine Karte kaufen, bekam zu seiner Karo-Vier eine Pik-Drei. Der Konsul deckte auf, auch er hatte sieben. »Ich tät' aufhören«, mahnte der Oberleutnant Wimmer nochmals, und nun klang es fast wie ein Befehl. Und der Regimentsarzt fügte hinzu: »Jetzt, wo du so ziemlich auf gleich bist.« – Auf gleich! dachte Willi. Das nennt er: auf gleich. Vor einer Viertelstunde war man ein wohlhabender junger Mann; und jetzt ist man ein Habenichts, und das nennen sie »auf gleich«! Soll ich ihnen das erzählen vom Bogner? Vielleicht begriffen sie's dann.

Neue Karten lagen vor ihm. Sieben. Nein, er kaufte nichts. Aber der Konsul fragte nicht danach, er deckte einfach seinen Achter auf. Tausend verloren, brummte es in Willis Hirn. Aber ich gewinn' sie zurück. Und wenn nicht, ist es ja doch egal. Ich kann tausend grad so wenig zurückzahlen wie zweitausend. Jetzt ist schon alles eins. Zehn Minuten ist noch Zeit. Ich kann auch die ganzen vier- oder fünftausend von früher zurückgewinnen. –

»Herr Leutnant?« fragte der Konsul. Es hallte dumpf durch den Raum; denn alle die anderen schwiegen; schwiegen vernehmlich. Sagte jetzt keiner: Ich möcht' aufhören an deiner Stelle? Nein, dachte Willi, keiner traut sich. Sie wissen, es wäre ein Blödsinn, wenn ich jetzt aufhörte. Aber welchen Betrag sollte er setzen? – er hatte nur mehr ein paar hundert Gulden vor sich liegen. Plötzlich waren es mehr. Der Konsul hatte ihm zwei weitere Tausender hingeschoben. »Bedienen Sie sich, Herr Leutnant.« Jawohl, er bediente sich, er setzte tausendfünfhundert und gewann. Nun konnte er seine Schuld bezahlen und behielt immerhin noch einiges übrig. Er fühlte eine Hand auf seiner Schulter. »Kasda«, sagte der Oberleutnant Wimmer hinter ihm. »Nicht weiter.« Es klang hart, streng beinahe. Ich bin ja nicht im Dienst, dachte Willi, kann außerdienstlich mit meinem Geld und mit meinem Leben anfangen, was ich will. Und er setzte, setzte bescheiden nur tausend Gulden und deckte seinen Schlager auf. Acht. Schnabel gustierte noch immer, tödlich langsam, als wenn endlose Zeit vor ihnen läge. Es war auch noch Zeit, man war ja nicht gezwungen, um halb drei aufzuhören. Neulich war es halb sechs geworden. Neulich... Schöne, ferne Zeit. Warum standen sie denn nun alle herum? Wie in einem Traum. Ha, sie waren alle aufgeregter als er; sogar das Fräulein Rihoschek, die ihm gegenüberstand, den Strohhut mit dem roten Band auf der hochgewellten Frisur, hatte sonderbar glänzende Augen. Er lächelte sie an. Sie hatte ein Gesicht wie eine Königin in einem Trauerspiel und war doch kaum etwas Besseres als eine Choristin. Der Konsul deckte seine Karten auf. Eine Königin. Ha, die Königin Rihoschek und eine Pik-Neun. Verdammte Pik, die brachte ihm immer Unglück. Und die tausend wanderten hinüber zum Konsul. Aber das machte ja nichts, er hatte ja noch einiges. Oder war er schon ganz ruiniert? Oh, keine Idee... Da lagen schon wieder ein paar tausend. Nobel, der Konsul. Nun ja, er war sicher, daß er sie zurückbekam. Ein Offizier mußte ja seine Spielschulden zahlen. So ein Herr Elrief blieb der Herr Elrief in jedem Falle, aber ein Offizier, wenn er nicht gerade Bogner hieß... »Zweitausend, Herr Konsul.« – »Zweitausend?« – »Jawohl, Herr Konsul.« – Er kaufte nichts, er hatte sieben. Der Konsul aber mußte kaufen. Und diesmal gustierte er nicht einmal, so eilig hatte er's, und bekam zu seiner Eins eine Acht – Pik-Acht –, das waren neun, ganz ohne Zweifel. Acht wären ja auch genug gewesen. Und zwei Tausender wanderten zum Konsul hinüber, und gleich wieder zurück. Oder waren es mehr? Drei oder vier? Besser gar nicht hinsehen, das brachte Unglück. Oh, der Konsul würde ihn nicht betrügen, auch standen ja all die anderen da und paßten auf. Und da er ohnehin nicht mehr recht wußte, was er schon schuldig war, setzte er neuerlich zweitausend. Pik-Vier. Ja, da mußte man wohl kaufen. Sechs, Pik-Sechs. Nun war es um eins zu viel. Der Konsul mußte sich gar nicht bemühen und hatte doch nur drei gehabt... Und wieder wanderten die zweitausend hinüber – und gleich wieder zurück. Es war zum Lachen. Hin und her. Her und hin. Ha, da schlug wieder die Kirchturmuhr – halb. Aber niemand hatte es gehört offenbar. Der Konsul teilte ruhig die Karten aus. Da standen sie alle herum, die Herren, nur der Regimentsarzt war verschwunden. Ja, Willi hatte schon früher bemerkt, wie er wütend den Kopf geschüttelt und irgend etwas in die Zähne gemurmelt hatte. Er konnte es wohl nicht mitansehen, wie der Leutnant Kasda hier um seine Existenz spielte. Wie ein Doktor nur so schwache Nerven haben konnte!

Und wieder lagen Karten vor ihm. Er setzte – wieviel, wußte er nicht genau. Eine Handvoll Banknoten. Das war eine neue Art, es mit dem Schicksal aufzunehmen. Acht. Nun mußte es sich wenden.

Es wendete sich nicht. Neun deckte der Konsul auf, sah rings im Kreis um sich, dann schob er die Karten von sich fort. Willi riß die Augen weit auf. »Nun, Herr Konsul?« Der aber hob den Finger, deutete nach draußen. »Es hat soeben halb geschlagen, Herr Leutnant.« – »Wie?« rief Willi scheinbar erstaunt. »Aber man könnte vielleicht noch ein Viertelstündchen zugeben –?« Er schaute im Kreis herum, als suche er Beistand. Alle schwiegen. Herr Elrief sah fort, sehr vornehm, und zündete sich eine Zigarette an, Wimmer biß die Lippen zusammen, Greising pfiff nervös, fast unhörbar, der Sekretär aber bemerkte roh, als handelte es sich um eine Kleinigkeit: »Der Herr Leutnant hat aber heut wirklich Pech gehabt.«

Der Konsul war aufgestanden, rief nach dem Kellner – als wäre es eine Nacht gewesen, wie jede andere. Es kamen nur zwei Flaschen Kognak auf seine Rechnung, aber der Einfachheit halber wünschte er die gesamte Zeche zu begleichen. Greising verbat sich's und sagte seinen Kaffee und seine Zigaretten persönlich an. Die anderen ließen sich gleichgültig die Bewirtung gefallen. Dann wandte sich der Konsul an Willi, der immer noch sitzen geblieben war, und wieder mit der Rechten nach draußen weisend, wie vorher, da er den Schlag der Turmuhr nachträglich festgestellt hatte, sagte er: »Wenn's Ihnen recht ist, Herr Leutnant, nehm' ich Sie in meinem Wagen nach Wien mit.« – »Sehr liebenswürdig«, erwiderte Willi. Und in diesem Augenblick war es ihm, als sei diese letzte Viertelstunde, ja die ganze Nacht mit allem, was darin geschehen war, ungültig geworden. So nahm es wohl auch der Konsul. Wie hätte er ihn sonst in seinen Wagen laden können. »Ihre Schuld, Herr Leutnant«, fügte der Konsul freundlich hinzu, »beläuft sich auf elftausend Gulden netto.« »Jawohl, Herr Konsul«, erwiderte Willi in militärischem Ton. – »Was Schriftliches«, meinte der Konsul, »braucht's wohl nicht?« – »Nein«, bemerkte der Oberleutnant Wimmer rauh, »wir sind ja alle Zeugen.« – Der Konsul beachtete weder ihn noch den Ton seiner Stimme. Willi saß immer noch da, die Beine waren ihm bleischwer. Elftausend Gulden, nicht übel. Ungefähr die Gage von drei oder vier Jahren, mit Zulagen. Wimmer und Greising sprachen leise und erregt miteinander. Elrief äußerte zu dem Direktionssekretär wohl irgend etwas sehr Heiteres, denn dieser lachte laut auf. Fräulein Rihoschek stand neben dem Konsul, richtete eine leise Frage an ihn, die er kopfschüttelnd verneinte. Der Kellner hing dem Konsul den Mantel um, einen weiten, schwarzen, ärmellosen, mit Samtkragen versehenen Mantel, der Willi schon neulich als sehr elegant, doch etwas exotisch aufgefallen war. Der Schauspieler Elrief schenkte sich rasch aus der fast leeren Flasche ein letztes Glas Kognak ein. Es schien Willi, als vermieden sie alle, sich um ihn zu kümmern, ja ihn nur anzusehen. Nun erhob er sich mit einem Ruck. Da stand mit einemmal der Regimentsarzt Tugut neben ihm, der überraschenderweise wiedergekommen war, schien zuerst nach Worten zu suchen und bemerkte endlich: »Du kannst dir's doch hoffentlich bis morgen beschaffen.« – »Aber selbstverständlich, Herr Regimentsarzt«, erwiderte Willi und lächelte breit und leer. Dann trat er auf Wimmer und Greising zu und reichte ihnen die Hand. »Auf Wiedersehen nächsten Sonntag«, sagte er leicht. Sie antworteten nicht, nickten nicht einmal. – »Ist's gefällig, Herr Leutnant?« fragte der Konsul. – »Stehe zur Verfügung.« – Nun verabschiedete er sich noch sehr freundlich und aufgeräumt von den andern; und dem Fräulein Rihoschek – das konnte nicht schaden – küßte er galant die Hand.

Sie gingen alle. Auf der Terrasse die Tische und Sessel glänzten gespenstisch weiß; noch lag die Nacht über Stadt und Landschaft, doch kein Stern mehr war zu sehen. In der Gegend des Bahnhofs begann der Himmelsrand sich leise zu erhellen. Draußen wartete der Wagen des Konsuls, der Kutscher schlief, mit den Füßen auf dem Trittbrett. Schnabel berührte ihn an der Schulter, er wurde wach, lüftete den Hut, sah nach den Pferden, nahm ihnen die Decken ab. Die Offiziere legten nochmals die Hand an die Kappen, dann schlenderten sie davon. Der Sekretär, Elrief und Fräulein Rihoschek warteten, bis der Kutscher fertig war. Willi dachte: Warum bleibt der Konsul nicht in Baden bei Fräulein Rihoschek? Wozu hat er sie überhaupt, wenn er nicht dableibt? Es fiel ihm ein, daß er irgend einmal von einem älteren Herrn erzählen gehört hatte, der im Bett seiner Geliebten vom Schlag getroffen worden war, und er sah den Konsul von der Seite an. Der aber schien sehr frisch und wohlgelaunt, nicht im geringsten zum Sterben aufgelegt, und offenbar um Elrief zu ärgern, verabschiedete er sich eben von Fräulein Rihoschek mit einer handgreiflichen Zärtlichkeit, die zu seinem sonstigen Wesen nicht recht stimmen wollte. Dann lud er den Leutnant in den Wagen ein, wies ihm den Platz auf der rechten Seite an, breitete ihm und sich zugleich eine hellgelbe mit braunem Plüsch gefütterte Decke über die Knie, und nun fuhren sie ab. Herr Elrief lüftete nochmals den Hut mit einer weitausladenden Bewegung, nicht ohne Humor, nach spanischer Sitte, wie er es irgendwo in Deutschland an einem kleinen Hoftheater als Grande im Laufe der nächsten Saison zu tun gedachte. Als der Wagen über die Brücke bog, wandte der Konsul sich nach den Dreien um, die Arm in Arm, Fräulein Rihoschek in der Mitte, eben davonschlenderten, und winkte ihnen einen Gruß zu; doch diese, in lebhafter Unterhaltung begriffen, merkten es nicht mehr.

8

Sie fuhren durch die schlafende Stadt, kein Laut war zu vernehmen als der klappernde Hufschlag der Pferde. »Etwas kühl«, bemerkte der Konsul. Willi verspürte wenig Lust, ein Gespräch zu führen, aber er sah doch die Notwendigkeit ein, irgend etwas zu erwidern, wäre es auch nur, um den Konsul in freundlicher Stimmung zu erhalten. Und er sagte: »Ja, so gegen den Morgen zu, da ist es immer frisch, das weiß unsereins vom Ausrücken her.« – »Mit den vierundzwanzig Stunden«, begann der Konsul nach einer kleinen Pause liebenswürdig, »wollen wir es übrigens nicht so genau nehmen.« Willi atmete auf und ergriff die Gelegenheit. »Ich wollte Sie eben ersuchen, Herr Konsul, da ich die ganze Summe begreiflicherweise im Augenblick nicht flüssig habe –« – »Selbstverständlich«, unterbrach ihn der Konsul abwehrend. Die Hufschläge klapperten weiter, nun tönte ein Widerhall, man fuhr unter einem Viadukt der freien Landschaft zu. »Wenn ich auf den üblichen vierundzwanzig Stunden bestände«, fuhr der Konsul fort, »so wären Sie nämlich verpflichtet, mir spätestens morgen, nachts um halb drei, Ihre Schuld zu bezahlen. Das wäre unbequem für uns beide. So setzen wir denn die Stunde« – anscheinend überlegte er – »auf Dienstag mittag zwölf Uhr fest, wenn es Ihnen recht ist.« Er entnahm seiner Brieftasche eine Visitenkarte, übergab sie Willi, der sie aufmerksam betrachtete. Die Morgendämmerung war schon so weit vorgeschritten, daß er imstande war, die Adresse zu lesen. Helfersdorfer Straße fünf – kaum fünf Minuten weit von der Kaserne, dachte er. »Also morgen, meinen Herr Konsul, um zwölf?« Und er fühlte sein Herz etwas schneller schlagen. »Ja, Herr Leutnant, das meine ich. Dienstag präzise zwölf. Ich bin von neun Uhr ab im Büro.« – »Und wenn ich bis zu dieser Stunde nicht in der Lage wäre, Herr Konsul – wenn ich zum Beispiel erst im Laufe des Nachmittags oder am Mittwoch...«

Der Konsul unterbrach ihn: »Sie werden sicher in der Lage sein, Herr Leutnant. Da Sie sich an einen Spieltisch setzten, mußten Sie natürlich auch gefaßt sein, zu verlieren, geradeso wie ich darauf gefaßt sein mußte, und falls Sie über keinen Privatbesitz verfügen, haben Sie jedenfalls allen Grund anzunehmen, daß – Ihre Eltern Sie nicht im Stich lassen werden.« –

»Ich habe keine Eltern mehr«, erwiderte Willi rasch, und da Schnabel ein bedauerndes »Oh« hören ließ – »meine Mutter ist acht Jahre lang tot, mein Vater ist vor fünf Jahren gestorben – als Oberstleutnant in Ungarn.« – »So, Ihr Herr Vater war auch Offizier?« Es klang teilnahmsvoll, geradezu herzlich. – »Jawohl, Herr Konsul, wer weiß, ob ich unter anderen Umständen die militärische Karriere eingeschlagen hätte.«

»Merkwürdig«, nickte der Konsul. »Wenn man denkt, wie die Existenz für manche Menschen sozusagen vorgezeichnet daliegt, während andere von einem Jahr, manchmal von einem Tag zum nächsten...« Kopfschüttelnd hielt er inne. Diesen allgemein gehaltenen, nicht zu Ende gesprochenen Satz empfand Willi sonderbarerweise als beruhigend. Und um die Beziehung zwischen sich und dem Konsul womöglich noch weiter zu befestigen, suchte er gleichfalls nach einem allgemeinen, gewissermaßen philosophischen Satz; und etwas unüberlegt, wie ihm gleich klar wurde, bemerkte er, daß es immerhin auch Offiziere gäbe, die genötigt seien, ihre Karriere zu wechseln.

»Ja«, erwiderte der Konsul, »das stimmt schon, aber dann geschieht es meistens unfreiwillig, und sie sind, vielmehr sie kommen sich lächerlicherweise deklassiert vor, sie können auch kaum wieder zurück zu ihrem früheren Beruf. Hingegen unsereiner – ich meine: Menschen, die durch keinerlei Vorurteile der Geburt, des Standes oder – sonstige behindert sind – – ich zum Beispiel war schon mindestens ein halbes dutzendmal oben und wieder unten. Und wie tief unten – ha, wenn das Ihre Herren Kameraden wüßten, wie tief, sie hätten sich kaum mit mir an einen Spieltisch gesetzt – sollte man glauben. Darum haben sie wohl auch vorgezogen, Ihre Herren Kameraden, keine allzu sorgfältigen Recherchen anzustellen.« Willi blieb stumm, er war höchst peinlich berührt und war unschlüssig, wie er sich zu verhalten habe. Ja, wenn Wimmer oder Greising hier an seiner Stelle gesessen wären, die hätten wohl die richtige Antwort gefunden und finden dürfen. Er, Willi, er mußte schweigen. Er durfte nicht fragen: Wie meinen das Herr Konsul, »tief unten«, und wie meinen das mit den »Recherchen«. Ach, er konnte sich's ja denken, wie es gemeint war. Er war ja nun selber tief unten, so tief, als man nur sein konnte, tiefer, als er es noch vor wenig Stunden für möglich gehalten hätte.

Er war angewiesen auf die Liebenswürdigkeit, auf das Entgegenkommen, auf die Gnade dieses Herrn Konsul, wie tief unten der auch einmal gewesen sein mochte. Aber würde der auch gnädig sein? Das war die Frage. Würde er eingehen auf Ratenzahlung innerhalb eines Jahres oder – innerhalb fünf Jahren – oder auf eine Revanchepartie nächsten Sonntag? Er sah nicht danach aus – nein, vorläufig sah er keineswegs danach aus. Und – wenn er nicht gnädig war – hm, dann blieb nichts anderes übrig als ein Bittgang zu Onkel Robert. Doch – Onkel Robert! Eine höchst peinliche, eine geradezu fürchterliche Sache, aber versucht mußte sie werden. Unbedingt... Und es war doch undenkbar, daß der ihm seine Hilfe verweigern könnte, wenn tatsächlich die Karriere, die Existenz, das Leben, ja, ganz einfach das Leben des Neffen, des einzigen Sohnes seiner verstorbenen Schwester, auf dem Spiel stand. Ein Mensch, der von seinen Renten lebte, recht bescheiden zwar, aber doch eben als Kapitalist, der einfach nur das Geld aus der Kasse zu nehmen brauchte! Elftausend Gulden, das war doch gewiß nicht der zehnte, nicht der zwanzigste Teil seines Vermögens. Und statt um elf, könnte man ihn eigentlich gleich um zwölftausend Gulden bitten, das käme schon auf eins heraus. Und damit wäre auch Bogner gerettet. Dieser Gedanke stimmte Willi zugleich hoffnungsvoller, etwa so, als hätte der Himmel die Verpflichtung, ihn unverzüglich für seine edle Regung zu lohnen. Aber das alles kam ja vorläufig nur in Betracht, wenn der Konsul unerbittlich blieb. Und das war noch nicht bewiesen. Mit einem raschen Seitenblick streifte Willi seinen Begleiter. Der schien in Erinnerungen versunken. Er hatte den Hut auf der Wagendecke liegen, seine Lippen waren halb geöffnet wie zu einem Lächeln, er sah älter und milder aus als vorher. Wäre jetzt nicht der Augenblick –? Aber wie beginnen! Aufrichtig einzugestehen, daß man einfach nicht in der Lage war – daß man sich unüberlegt in eine Sache eingelassen – daß man den Kopf verloren, ja, daß man eine Viertelstunde geradezu unzurechnungsfähig gewesen war? Und, hätte er sich denn jemals so weit gewagt, so weit vergessen, wenn der Herr Konsul – oh, das durfte man schon erwähnen – wenn der Herr Konsul nicht unaufgefordert, ja ohne die leiseste Andeutung, ihm das Geld zur Verfügung gestellt, es ihm hingeschoben, ihm gewissermaßen, wenn auch in liebenswürdigster Weise, aufgedrängt hätte?

»Etwas Wundervolles«, bemerkte der Konsul, »eine solche Spazierfahrt am frühen Morgen, nicht wahr?« – »Großartig«, erwiderte beflissen der Leutnant. – »Nur schade«, fügte der Konsul hinzu, »daß man immer glaubt, sich so etwas um den Preis einer durchwachten Nacht erkaufen zu müssen, ob man sie nun am Spieltisch verbracht oder noch was Dümmeres angestellt hat.« – »Oh, was mich betrifft«, bemerkte der Leutnant rasch, »bei mir kommt es gar nicht so selten vor, daß ich auch ohne durchwachte Nacht mich schon zu so früher Stunde im Freien befinde. Vorgestern zum Beispiel bin ich schon um halb vier Uhr im Kasernenhof gestanden mit meiner Kompagnie. Wir haben eine Übung im Prater gehabt. Allerdings bin ich nicht im Fiaker hinuntergefahren.«

Der Konsul lachte herzlich, was Willi wohltat, trotzdem es

etwas künstlich geklungen hatte. – »Ja, so was Ähnliches habe ich auch etliche Male mitgemacht«, sagte der Konsul, »freilich nicht als Offizier, nicht einmal als Freiwilliger, so weit hab' ich's nicht gebracht. Denken Sie, Herr Leutnant, ich habe meine drei Jahre abgedient seinerzeit und bin nicht weitergekommen als bis zum Korporal. So ein ungebildeter Mensch bin ich – oder war ich wenigstens. Nun, ich habe einiges nachgeholt im Laufe der Zeit, auf Reisen hat man ja dazu Gelegenheit.« – »Herr Konsul sind viel in der Welt herumgekommen«, bemerkte Willi zuvorkommend. – »Das kann ich wohl behaupten«, entgegnete der Konsul, »ich war nahezu überall – nur gerade in dem Land, das ich als Konsul vertrete, war ich noch nie, in Ecuador. Aber ich habe die Absicht, nächstens auf den Konsultitel zu verzichten und hinzufahren.« Er lachte, und Willi stimmte, wenn auch etwas mühselig, ein.

Sie fuhren durch eine langgestreckte, armselige Ortschaft hin, zwischen ebenerdigen, grauen, wenig gepflegten Häuschen. In einem kleinen Vorgarten begoß ein hemdärmeliger alter Mann das Gesträuch; aus einem früh geöffneten Milchladen trat ein junges Weib in ziemlich abgerissenem Kleid mit einer gefüllten Kanne eben auf die Straße. Willi verspürte einen gewissen Neid auf beide, auf den alten Mann, der sein Gärtchen begoß, auf das Weib, das für Mann und Kinder Milch nach Hause brachte. Er wußte, daß diesen beiden wohler zumute war als ihm. Der Wagen kam an einem hohen, kahlen Gebäude vorüber, vor dem ein Justizsoldat auf und ab schritt; er salutierte dem Leutnant, der höflicher dankte, als es sonst Mannschaftspersonen gegenüber seine Art war. Der Blick, den der Konsul auf dem Gebäude haften ließ, ein verachtungs- und zugleich erinnerungsvoller Blick, gab Willi zu denken. Doch was konnte es ihm in diesem Augenblick helfen, daß des Konsuls Vergangenheit aller Wahrscheinlichkeit nach nicht eben makellos gewesen war? Spielschulden waren Spielschulden, auch ein abgestrafter Verbrecher hatte das Recht, sie einzufordern. Die Zeit verstrich, immer rascher liefen die Pferde, in einer Stunde, in einer halben war man in Wien – und was dann?

»Und Subjekte, wie zum Beispiel diesen Leutnant Greising«, sagte der Konsul, wie zum Beschluß eines inneren Gedankengangs, »läßt man frei herumlaufen.«

Also es stimmt, dachte Willi. Der Mensch ist einmal eingesperrt gewesen. Aber in diesem Augenblick kam es auch darauf nicht an, die Bemerkung des Konsuls bedeutete eine nicht mißzuverstehende Beleidigung eines abwesenden Kameraden. Durfte er sie einfach hingehen lassen, als hätte er sie überhört oder als gäbe er ihre Berechtigung zu? »Ich muß bitten, Herr Konsul, meinen Kameraden Greising aus dem Spiel zu lassen.«

Der Konsul hatte darauf nur eine wegwerfende Handbewegung. »Eigentlich merkwürdig«, sagte er, »wie die Herren, die so streng auf ihre Standesehre halten, einen Menschen in ihrer Mitte dulden dürfen, der mit vollem Bewußtsein die Gesundheit eines anderen Menschen, eines dummen, unerfahrenen Mädels zum Beispiel, in Gefahr bringt, so ein Geschöpf krank macht, möglicherweise tötet –«

»Es ist uns nicht bekannt«, erwiderte Willi etwas heiser, »jedenfalls ist es mir nicht bekannt.« – »Aber, Herr Leutnant, es fällt mir doch gar nicht ein, Ihnen Vorwürfe zu machen. Sie persönlich sind ja nicht verantwortlich für diese Dinge, und keineswegs stünde es in Ihrer Macht, sie zu ändern.«

Willi suchte vergeblich nach einer Erwiderung. Er überlegte, ob er nicht verpflichtet sei, die Äußerung des Konsuls dem Kameraden zur Kenntnis zu bringen – oder sollte er mit Regimentsarzt Tugut vorerst einmal außerdienstlich über die Angelegenheit reden? Oder den Oberleutnant Wimmer um Rat fragen? Aber was ging ihn das alles an?! Um ihn handelte es sich, um ihn selbst, um seine eigene Sache – um seine Karriere – um sein Leben! Dort im ersten Sonnenglanz ragte schon das Standbild der Spinnerin am Kreuz. Und noch hatte er kein Wort gesprochen, das geeignet wäre, wenigstens einen Aufschub, einen kurzen Aufschub zu erwirken. Da fühlte er, wie sein Nachbar leise an seinem Arm rührte. »Entschuldigen Sie, Herr Leutnant, wir wollen das Thema lassen, mich kümmert's ja im Grunde nicht, ob der Herr Leutnant Greising oder sonstwer – – um so weniger, als ich ja kaum mehr das Vergnügen haben werde, mit den Herren an einem Tisch zu sitzen.«

Willi gab es einen Ruck. »Wie ist das zu verstehen, Herr Konsul?« – »Ich verreise nämlich«, erwiderte der Konsul kühl. – »So bald?« – »Ja. Übermorgen – richtiger gesagt: morgen, Dienstag.« – »Auf längere Zeit, Herr Konsul?« – »Vermutlich – so auf drei bis – dreißig Jahre.«

Die Reichsstraße war von Last- und Marktwagen schon ziemlich belebt. Willi, den Blick gesenkt, sah im Glanz der aufgehenden Sonne die goldenen Knöpfe seines Waffenrocks blitzen. »Ein plötzlicher Entschluß, Herr Konsul, diese Abreise?« fragte er. – »Oh, keineswegs, Herr Leutnant, steht schon lange fest. Ich fahre nach Amerika, vorläufig nicht nach Ecuador – sondern nach Baltimore, wo meine Familie wohnt und wo ich auch ein Geschäft habe. Freilich habe ich mich seit acht Jahren nicht persönlich an Ort und Stelle darum bekümmern können.«

Er hat Familie, dachte Willi. Und was ist es eigentlich mit Fräulein Rihoschek? Weiß sie überhaupt, daß er fortreist? Aber was kümmert mich das! Es ist höchste Zeit. Es geht mir an den Kragen. Und unwillkürlich fuhr er sich mit der Hand an den Hals. »Das ist ja sehr bedauerlich«, sagte er hilflos, »daß der Herr Konsul schon morgen abreisen. Und ich hatte, ja wirklich, ich hatte mit einiger Sicherheit darauf gerechnet« – er nahm einen leichteren, gewissermaßen scherzhaften Ton an –, »daß Herr Konsul mir am nächsten Sonntag eine kleine Revanche geben würden.« – Der Konsul zuckte die Achseln, als wäre der Fall längst abgetan. – Wie mach' ich's nur? dachte Willi. Was tu' ich? Ihn geradezu – bitten? Was kann ihm denn an den paar tausend Gulden liegen? Er hat eine Familie in Amerika – und das Fräulein Rihoschek –. Er hat ein Geschäft drüben – was bedeuten ihm diese paar tausend Gulden?! Und für mich handelt es sich um Leben oder Tod.

Sie fuhren weiter unter dem Viadukt der Stadt zu. Aus der Südbahnhalle brauste eben ein Zug. Da fahren Leute nach Baden, dachte Willi, und weiter, nach Klagenfurt, nach Triest –

und von dort vielleicht übers Meer in einen anderen Weltteil... Und er beneidete sie alle.

»Wo darf ich Sie absetzen, Herr Leutnant?«

»Oh, bitte«, erwiderte Willi, »wo es Ihnen bequem ist. Ich wohne in der Alserkaserne.«

»Ich bringe Sie bis ans Tor, Herr Leutnant.« Er gab dem Kutscher die entsprechende Weisung.

»Danke vielmals, Herr Konsul, es wäre wirklich nicht notwendig –«

Die Häuser schliefen alle. Die Gleise der Straßenbahn, noch unberührt vom Verkehr des Tages, liefen glatt und glänzend neben ihnen einher. Der Konsul sah auf die Uhr: »Gut ist er gefahren, eine Stunde und zehn Minuten. Haben Sie heute Ausrückung, Herr Leutnant?« – »Nein«, erwiderte Willi, »heute habe ich Schule zu halten.« – »Na, da können Sie sich doch noch eine Weile hinlegen.« – »Allerdings, Herr Konsul, aber ich glaube, ich werde mir heute einen dienstfreien Tag machen – werde mich marod melden.« – Der Konsul nickte und schwieg. – »Also, Mittwoch fahren Herr Konsul ab?« – »Nein, Herr Leutnant«, erwiderte der Konsul mit Betonung jedes einzelnen Wortes, »morgen, Dienstag abend.«

»Herr Konsul – ich will Ihnen ganz aufrichtig gestehen –, es ist mir ja äußerst peinlich, aber ich fürchte sehr, daß es mir total unmöglich sein wird in so kurzer Zeit – bis morgen mittag zwölf Uhr...« Der Konsul blieb stumm. Er schien kaum zuzuhören. »Wenn Herr Konsul vielleicht die besondere Güte hätten, mir eine Frist zu gewähren?« – Der Konsul schüttelte den Kopf. Willi fuhr fort. »Oh, keine lange Frist, ich könnte Herrn Konsul vielleicht eine Bestätigung oder einen Wechsel ausstellen, und ich würde mich ehrenwörtlich verpflichten, innerhalb vierzehn Tagen – es wird sich gewiß ein Modus finden...« Der Konsul schüttelte immer nur den Kopf, ohne irgendwelche Erregung, ganz mechanisch. »Herr Konsul«, begann Willi von neuem, und es klang flehend, ganz gegen seinen Willen, »Herr Konsul, mein Onkel, Robert Wilram, vielleicht kennen Herr Konsul den Namen?« Der andere schüttelte unentwegt weiter den Kopf. – »Ich bin nämlich nicht ganz überzeugt, daß mein Onkel, auf den ich mich im übrigen durchaus verlassen kann, die Summe augenblicklich flüssig hat. Aber selbstverständlich kann er innerhalb weniger Tage... er ist ein wohlhabender Mann, der einzige Bruder meiner Mutter, ein Privatier.« – Und plötzlich, mit einer komisch umschlagenden Stimme, die wie ein Lachen klang: »Es ist wirklich fatal, daß Herr Konsul gleich bis Amerika reisen.« – »Wohin ich reise, Herr Leutnant«, erwiderte der Konsul ruhig, »das kann Ihnen vollkommen gleichgültig sein. Ehrenschulden sind bekanntlich innerhalb vierundzwanzig Stunden zu bezahlen.«

»Ist mir bekannt, Herr Konsul, ist mir bekannt. Aber es kommt trotzdem manchmal vor – ich kenne selbst Kameraden, die in ähnlicher Lage... Es hängt ja nur von Ihnen ab, Herr Konsul, ob Sie sich vorläufig mit einem Wechsel oder mit meinem Wort zufrieden geben wollen bis – bis zum nächsten Sonntag wenigstens.«

»Ich gebe mich nicht zufrieden, Herr Leutnant, morgen, Dienstag mittag, letzter Termin... Oder – Anzeige an Ihr Regimentskommando.« –

Der Wagen fuhr über den Ring, am Volksgarten vorbei, dessen Bäume in üppigem Grün über dem vergoldeten Gitter wipfelten. Es war ein köstlicher Frühlingsmorgen, kaum noch ein Mensch auf der Straße zu sehen; nur eine junge, sehr elegante Dame in hochgeschlossenem, drapfarbigem Mantel, mit einem kleinen Hund, spazierte rasch, wie einer Pflicht genügend, längs dem Gitter hin und warf einen gleichgültigen Blick auf den Konsul, der sich nach ihr umwandte, trotz der Gattin in Amerika und des Fräulein Rihoschek in Baden, die freilich mehr dem Schauspieler Elrief gehörte. Was kümmert mich Herr Elrief, dachte Willi, und was kümmert mich das Fräulein Rihoschek. Wer weiß übrigens, wär' ich netter mit ihr gewesen, vielleicht hätte sie ein gutes Wort für mich eingelegt. – Und einen Augenblick lang überlegte er ernstlich, ob er nicht noch rasch nach Baden hinausfahren sollte, sie um ihre Fürsprache bitten. Fürsprache beim Konsul? Ins Gesicht würde sie ihm lachen. Sie kannte ihn ja, den Herrn Konsul, sie mußte ihn kennen... Und die einzige Möglichkeit der Rettung war Onkel Robert. Das stand fest. Sonst blieb nichts übrig als eine Kugel vor die Stirn. Man mußte sich nur klar sein.

Ein regelmäßiges Geräusch wie von dem herannahenden Schritt einer marschierenden Kolonne drang an sein Ohr. Hatten die Achtundneunziger nicht heute eine Übung? Am Bisamberg? Es wäre ihm peinlich gewesen, jetzt im Fiaker Kameraden an der Spitze ihrer Kompagnie zu begegnen. Aber es war kein Militär, das heranmarschiert kam, es war ein Zug von Knaben, offenbar eine Schulklasse, die sich mit ihrem Lehrer auf einen Ausflug begab. Der Lehrer, ein junger, blasser Mensch, streifte mit einem Blick unwillkürlicher Hochachtung die beiden Herren, die zu so früher Stunde im Fiaker an ihm vorüberfuhren. Willi hätte nie geahnt, daß er einen Moment erleben sollte, in dem sogar ein armer Schullehrer ihm als ein beneidenswertes Geschöpf vorkommen würde. Nun überholte der Fiaker eine erste Straßenbahn, in der ein paar Leute im Arbeitsanzug und eine alte Frau als Passagiere saßen. Ein Spritzwagen kam ihnen entgegen, und ein wild aussehender Kerl mit hinaufgekrempelten Hemdärmeln schwang in regelmäßigen Stößen, wie eine Springschnur, den Wasserschlauch, aus dem das Naß die Straße feuchtete. Zwei Nonnen, die Blicke gesenkt, überquerten die Fahrbahn in der Richtung gegen die Votivkirche, die hellgrau mit ihren schlanken Türmen zum Himmel ragte. Auf einer Bank unter einem weißblühenden Baum saß ein junges Geschöpf mit bestaubten Schuhen, den Strohhut auf dem Schoß, lächelnd, wie nach einem angenehmen Erlebnis. Ein geschlossener Wagen mit heruntergelassenen Vorhängen sauste vorüber. Ein dickes, altes Weib bearbeitete die hohe Fensterscheibe eines Kaffeehauses mit Besen und Scheuertuch. All diese Menschen und Dinge, die Willi sonst nicht bemerkt hätte, zeigten sich seinem überwachen Auge in beinahe schmerzhaft scharfen Umrissen. Aber der Mann, an dessen Seite er im Wagen saß, war ihm indes wie aus dem Gedächtnis geschwunden. Nun wandte er ihm einen scheuen Blick zu. Zurückgelehnt, den Hut vor sich auf der Decke, mit geschlossenen Augen, saß der Konsul da.

Wie mild, wie gütig sah er aus! Und der – trieb ihn in den Tod? Wahrhaftig, er schlief – oder stellte er sich so? Nur keine Angst, Herr Konsul, ich werde Sie nicht weiter belästigen. Sie werden Dienstag um zwölf Ihr Geld haben. Oder auch nicht. Aber in keinem Falle... Der Wagen hielt vor dem Kasernentor, und sofort erwachte der Konsul – oder er tat wenigstens so, als wenn er eben erwacht wäre, er rieb sich sogar die Augen, eine etwas übertriebene Geste nach einem Schlaf von zweieinhalb Minuten. Der Posten am Tor salutierte. Willi sprang aus dem Wagen, gewandt, ohne das Trittbrett zu berühren, und lächelte dem Konsul zu. Er tat noch ein übriges und gab dem Kutscher ein Trinkgeld; nicht zu viel, nicht zu wenig, als ein Kavalier, dem es am Ende nichts verschlug, ob er im Spiel gewonnen oder verloren hatte. »Danke bestens, Herr Konsul – und auf Wiedersehen.« – Der Konsul reichte Willi aus dem Wagen heraus die Hand und zog ihn zugleich leicht an sich heran, als hätte er ihm etwas anzuvertrauen, das nicht jeder zu hören brauchte. »Ich rate Ihnen, Herr Leutnant«, meinte er in fast väterlichem Ton, »nehmen Sie die Angelegenheit nicht leicht, wenn Sie Wert darauf legen... Offizier zu bleiben. Morgen, Dienstag, zwölf Uhr.« Dann laut: »Also, auf Wiedersehen, Herr Leutnant.« – Willi lächelte verbindlich, legte die Hand an die Kappe, der Wagen wendete und fuhr davon.

9

Von der Alserkirche schlug es dreiviertel fünf. Das große Tor öffnete sich, eine Kompagnie der Achtundneunziger marschierte mit strammer Kopfwendung an Willi vorbei. Willi führte dankend die Hand ein paarmal an die Kappe. – »Wohin, Wieseltier?« fragte er herablassend den Kadetten, der als Letzter kam. – »Feuerwehrwiese, Herr Leutnant.« Willi nickte wie zum Einverständnis und blickte den Achtundneunzigern eine Weile nach, ohne sie zu sehen. Der Posten stand immer noch salutierend, als Willi durch das Tor schritt, das nun hinter ihm geschlossen wurde.

Kommandorufe vom Ende des Hofs her schnarrten ihm ins Ohr. Ein Trupp von Rekruten übte Gewehrgriffe unter der Leitung eines Korporals. Der Hof lag sonnenbeglänzt und kahl, da und dort ragten ein paar Bäume in die Luft. Die Mauer entlang schritt Willi weiter; er sah zu seinem Fenster auf, sein Bursche erschien im Rahmen, blickte hinab, stand einen Augenblick stramm und verschwand. Willi eilte die Treppen hinauf; noch im Vorraum, wo der Bursche sich eben anschickte, den Schnellkocher anzuzünden, entledigte er sich des Kragens, öffnete den Waffenrock. – »Herr Leutnant, melde gehorsamst, Kaffee ist gleich fertig.« – »Gut ist's«, sagte Willi, trat ins Zimmer, schloß die Tür hinter sich, legte den Rock ab, warf sich in Hosen und Schuhen aufs Bett.

Vor neun kann ich unmöglich zu Onkel Robert, dachte er. Ich werde ihn für alle Fälle gleich um zwölftausend bitten, kriegt der Bogner auch seine tausend, wenn er sich nicht inzwischen totgeschossen hat. Übrigens, wer weiß, vielleicht hat er wirklich beim Rennen gewonnen und ist sogar imstande, mich herauszureißen. Ha, elftausend, zwölftausend, die gewinnen sich nicht so leicht beim Totalisator.

Die Augen fielen ihm zu. Pik-Neun – Karo-Aß – Herz-König – Pik-Acht – Pik-Aß – Treff-Bub – Karo-Vier – so tanzten die Karten an ihm vorüber. Der Bursche brachte den Kaffee, rückte den Tisch näher ans Bett, schenkte ein, Willi stützte sich auf den Arm und trank. »Soll ich Herrn Leutnant vielleicht Stiefel ausziehn?« – Willi schüttelte den Kopf. »Nicht mehr der Müh' wert.« – »Soll ich Herrn Leutnant später wecken?« – und da ihn Willi wie verständnislos ansah – »Melde gehorsamst, sieben Uhr Schul'.« – Willi schüttelte wieder den Kopf. »Bin marod, muß zum Doktor. Sie melden mich beim Herrn Hauptmann... marod, verstehen S', Dienstzettel schick' ich nach. Bin zu einem Professor bestellt, wegen Augen, um neun Uhr. Ich laß den Herrn Kadettstellvertreter Brill bitten, Schule zu halten. Abtreten. – Halt!« – »Herr Leutnant?« – »Um viertel acht gehn S' hinüber zur Alserkirche, der Herr, der gestern früh da war, ja, der Oberleutnant Bogner, wird dort warten. Er möcht' mich freundlichst entschuldigen – habe leider nichts ausgerichtet, verstehen S'?« – »Jawohl, Herr Leutnant.« – »Wiederholen.« – »Herr Leutnant laßt sich entschuldigen, Herr Leutnant haben nichts ausgerichtet.« – »Leider nichts ausgerichtet. – Halt. Wenn vielleicht noch Zeit wär' bis heut abend oder morgen früh« – er hielt plötzlich inne. »Nein, nichts mehr. Ich hab' leider nichts ausgerichtet und damit Schluß. Verstehn S'?« – »Jawohl, Herr Leutnant.« – »Und wenn Sie zurückkommen von der Alserkirche, so klopfen S' für alle Fälle. Und jetzt machen S' noch das Fenster zu.«

Der Bursche tat, wie ihm geheißen, und ein greller Kommandoruf im Hofe schnitt in der Mitte ab. Als Joseph die Tür hinter sich schloß, streckte sich Willi wieder hin, und die Augen fielen ihm zu. Karo-Aß – Treff-Sieben – Herz-König – Karo-Acht – Pik-Neun – Pik-Zehn – Herz-Dame – verdammte Kanaille, dachte Willi. Denn die Herzdame war eigentlich das Fräulein Keßner. Wär' ich nicht bei dem Tisch stehngeblieben, so wär' das ganze Malheur nicht passiert. Treff-Neun – Pik-Sechs – Pik-Fünf – Pik-König – Herz-König – Treff-König – Nehmen Sie's nicht leicht, Herr Leutnant. – Hol' ihn der Teufel, das Geld kriegt er, aber dann schick' ich ihm zwei Herren – geht ja nicht – er ist ja nicht einmal satisfaktionsfähig – Herz-König – Pik-Bub – Karo-Dame – Karo-Neun – Pik-Aß – so tanzten sie vorüber, Karo-Aß, Herz-Aß... sinnlos, unaufhaltsam, daß ihn die Augen unter den Lidern schmerzten. Es gab gewiß auf der ganzen Welt nicht so viele Kartenspiele, als vor ihm in dieser Stunde vorüberrasten.

Es klopfte, jäh erwachte er, auch vor seinen offenen Augen noch rasten sie weiter. Der Bursche stand da. »Herr Leutnant, melde gehorsamst, der Herr Oberleutnant laßt sich vielmals bedanken für die Mühe und laßt den Herrn Leutnant schönstens grüßen.« – »So. – Sonst – sonst hat er nix g'sagt?« – »Nein, Herr Leutnant, der Herr Oberleutnant hat sich umgedreht und ist gleich wieder gegangen.« – »So – hat er sich gleich wieder umgedreht... Und haben S' mich marod gemeldet?« – »Jawohl, Herr Leutnant.« Und da Willi sah, wie der Bursche grinste, fragte er: »Was lachen S' denn so dumm?« – »Melde gehorsamst, wegen dem Herrn Hauptmann.« – »Warum denn? Was hat er denn g'sagt, der Herr Hauptmann?« – Und immer noch grinsend, erzählte der Bursche: »Zum Augenarzt muß der Herr Leutnant, hat der Herr Hauptmann g'sagt, hat sich wahrscheinlich in ein Mädel verschaut, der Herr Leutnant.« – Und da Willi dazu nicht lächelte, fügte der Bursche etwas erschrocken hinzu: »Hat der Herr Hauptmann gesagt, melde gehorsamst.« – »Abtreten«, sagte Willi.

Während er sich fertigmachte, überdachte er bei sich allerlei Sätze, übte innerlich den Tonfall der Reden ein, mit denen er des Onkels Herz zu bewegen hoffte. Zwei Jahre lang hatte er ihn nicht gesehen. Er war in diesem Augenblick kaum imstande, sich Wilrams Wesen, ja auch nur dessen Gesichtszüge zu vergegenwärtigen; es tauchte immer wieder eine andere Erscheinung mit anderem Gesichtsausdruck, anderen Gewohnheiten, einer anderen Art zu reden vor ihm auf, und er konnte nicht vorherwissen, welcher er heute gegenüberstehen würde.

Von der Knabenzeit her hatte er den Onkel als einen schlanken, immer sehr sorgfältig gekleideten, immerhin noch jungen Mann im Gedächtnis, wenn ihm auch der um fünfundzwanzig Jahre Ältere damals schon als recht reif erschienen war. Robert Wilram kam immer nur für wenige Tage zu Besuch in das ungarische Städtchen, wo der Schwager, damals noch Major Kasda, in Garnison lag. Vater und Onkel verstanden einander nicht sonderlich gut, und Willi erinnerte sich sogar dunkel eines auf den Onkel bezüglichen Wortwechsels zwischen den Eltern, der damit geendet hatte, daß die Mutter weinend aus dem Zimmer gegangen war. Von dem Beruf des Onkels war kaum jemals die Rede gewesen, doch glaubte Willi sich zu besinnen, daß Robert Wilram eine Staatsbeamtenstelle bekleidet und, früh verwitwet, wieder aufgegeben hatte. Von seiner verstorbenen Frau erbte er ein kleines Vermögen, lebte seither als Privatmann und reiste viel in der Welt herum. Die Nachricht vom Tode der Schwester hatte ihn in Italien ereilt, er traf erst nach dem Begräbnis ein, und es blieb Willis Gedächtnis für immer eingeprägt, wie der Onkel, mit ihm am Grabe stehend, tränenlos, doch mit einem Ausdruck düsteren Ernstes auf die kaum noch verwelkten Kränze herabgesehen hatte. Bald darauf waren sie zusammen aus der kleinen Stadt abgereist; Robert Wilram nach Wien und Willi zurück nach Wiener-Neustadt in die Kadettenschule. Von dieser Zeit an besuchte er den Onkel manchmal an Sonn- und Feiertagen, wurde von ihm ins Theater oder in Restaurants mitgenommen; später, nach des Vaters plötzlich erfolgtem Tod, nachdem Willi als Leutnant zu einem Wiener Regiment eingeteilt worden war, bestimmte ihm der Onkel aus freien Stücken einen monatlichen Zuschuß, der auch während seiner gelegentlichen Reisen, durch eine Bank, pünktlich an den jungen Offizier ausbezahlt wurde. Von einer dieser Reisen, auf der er gefährlich erkrankt gewesen war, kam Robert Wilram auffällig gealtert zurück, und während der monatliche Zuschuß auch weiterhin regelmäßig an Willis Adresse gelangte, trat im persönlichen Verkehr zwischen Onkel und Neffe manche kürzere und längere Unterbrechung ein, wie denn die Epochen in Robert Wilrams Existenz überhaupt in eigentümlicher Weise abzuwechseln schienen. Es gab Zeiten, in denen er ein heiteres und geselliges Wesen zur Schau trug, mit dem Neffen wie früher Restaurants, Theater und nun auch Vergnügungslokale leichteren Charakters zu besuchen pflegte, bei welchen Gelegenheiten meist auch irgendeine muntere junge Dame anwesend war, die Willi bei diesem Anlaß gewöhnlich zum erstenmal und niemals ein zweites Mal wiedersah. Dann wieder gab es Wochen, in denen der Onkel sich vollkommen aus der Welt und von den Menschen zurückzuziehen schien; und wenn Willi überhaupt vorgelassen wurde, so fand er sich einem ernsten, wortkargen, früh gealterten Mann gegenüber, der in einen dunkelbraunen talarartigen Schlafrock gehüllt, mit der Miene eines vergrämten Schauspielers, in dem nie ganz hellen, hochgewölbten Zimmer auf und ab ging oder auch lesend oder arbeitend bei künstlichem Licht an seinem Schreibtisch saß. Das Gespräch ging dann meistens mühsam und schleppend, als wäre man einander völlig fremd geworden; einmal nur, da zufällig von einem Kameraden Willis die Rede war, der kürzlich aus unglücklicher Liebe seinem Leben ein Ende gemacht hatte, öffnete Robert Wilram eine Schreibtischlade, entnahm ihr zu Willis Verwunderung eine Anzahl beschriebener Blätter und las dem Neffen einige philosophische Bemerkungen über Tod und Unsterblichkeit, auch manches Abfällige und Schwermütige über die Frauen im allgemeinen vor, wobei er der Anwesenheit des Jüngeren, der nicht ohne Verlegenheit und eher gelangweilt zuhörte, völlig zu vergessen schien. Gerade als Willi ein leichtes Gähnen vergeblich zu unterdrücken versuchte, geschah es, daß der Onkel den Blick von dem Manuskript erhob; seine Lippen kräuselten sich zu einem leeren Lächeln, er faltete die Blätter zusammen, tat sie wieder in die Lade und sprach unvermittelt von anderen Dingen, wie sie dem Interesse eines jungen Offiziers näher liegen mochten. Auch nach diesem wenig geglückten Zusammensein gab es immerhin noch eine Anzahl von vergnügten Abenden nach der alten Weise; auch kleine Spaziergänge zu zweit, besonders an schönen Feiertagsnachmittagen, kamen vor; eines Tages aber, da Willi den Onkel aus der Wohnung abholen sollte, kam eine Absage und kurz darauf ein Brief Wilrams, er sei jetzt so dringend beschäftigt, daß er Willi leider bitten müsse, von weiteren Besuchen vorläufig abzusehen. Bald blieben auch die Geldsendungen aus. Eine höfliche, schriftliche Erinnerung wurde nicht beantwortet, einer zweiten erging es ebenso, auf eine dritte erfolgte der Bescheid, daß Robert Wilram zu seinem Bedauern sich genötigt sehe, »wegen grundlegender Veränderung seiner Verhältnisse« weitere Zuwendungen »selbst an nächststehende Personen« einzustellen. Willi versuchte, den Onkel persönlich zu sprechen. Er wurde zweimal nicht empfangen, ein drittes Mal sah er den Onkel, der sich hatte verleugnen lassen, eben rasch in der Türe verschwinden. So mußte er endlich die Aussichtslosigkeit jeder weiteren Bemühung einsehen, und es blieb ihm nichts übrig, als sich auf das Möglichste einzuschränken. Die geringfügige Erbschaft von der Mutter her, mit der er bisher hausgehalten, war eben erst aufgezehrt, doch hatte er sich seiner Art nach über die Zukunft bisher keinerlei ernste Gedanken gemacht, bis nun mit einemmal, von einem Tag, ja von einer Stunde zur anderen, die Sorge gleich in ihrer drohendsten Gestalt auf seinem Wege stand.

In gedrückter, aber nicht hoffnungsloser Stimmung schritt er endlich die gewundene, stets in Halbdunkel getauchte Offiziersstiege hinab und erkannte den Mann nicht gleich, der ihm mit vorgestreckten Armen den Weg versperrte.

»Willi!« Es war Bogner, der ihn anrief.

»Du bist's?« Was wollte der? »Weißt du denn nicht? Hat dir der Joseph nicht ausgerichtet?«

»Ich weiß, ich weiß, ich will dir nur sagen – für alle Fälle –, daß die Revision auf morgen verschoben ist.«

Willi zuckte die Achseln. Das interessierte ihn wahrhaftig nicht sehr.

»Verschoben, verstehst du!«

»Es ist ja nicht gar so schwer, zu verstehen«, und er nahm eine Stufe nach abwärts.

Bogner ließ ihn nicht weiter. »Das ist doch ein Schicksalszeichen«, rief er. »Das kann ja die Rettung bedeuten. Sei nicht bös, Kasda, daß ich noch einmal – – ich weiß ja, daß du gestern kein Glück gehabt hast –«

»Allerdings«, stieß Willi hervor, »allerdings hab' ich kein Glück gehabt.« Und mit einem Auflachen: »Alles hab' ich verloren – und noch etwas mehr.« Und unbeherrscht, als stände in Bogner die eigentliche und einzige Ursache seines Unglücks ihm gegenüber: »Elftausend Gulden, Mensch, elftausend Gulden!«

»Donnerwetter, das ist freilich ... was gedenkst du ...« Er unterbrach sich. Ihre Blicke trafen einander, und Bogners Züge erhellten sich. »Da gehst du ja doch wohl zu deinem Onkel?«

Willi biß sich in die Lippen. Zudringlich! Unverschämt! dachte er bei sich, und es fehlte nicht viel, so hätte er es ausgesprochen.

»Verzeih – es geht mich ja nichts an – vielmehr, ich darf ja da nichts dreinreden, um so weniger, als ich gewissermaßen mitschuldig – – na ja –, aber wenn du's schon versuchst, Kasda – –

ob zwölf- oder elftausend, das kann doch deinem Onkel ziemlich egal sein.«

»Du bist verrückt, Bogner. Ich werd' die elftausend so wenig kriegen, als ich zwölf kriegen tät.«

»Aber du gehst doch hin, Kasda!«

»Ich weiß nicht –«

»Willi – –«

»Ich weiß nicht«, wiederholte er ungeduldig. »Vielleicht – vielleicht auch nicht... Adieu.« Er schob ihn beiseite und stürzte die Treppe hinab.

Zwölf oder elf, das war keineswegs gleichgültig. Gerade auf den einen Tausender konnte es ankommen! – Und es summte in seinem Kopf: Elf, zwölf – elf, zwölf – elf, zwölf! Nun, er müßte sich ja nicht früher entscheiden, als er vor dem Onkel stand. Der Moment sollte es ergeben. Jedenfalls war es eine Dummheit, daß er vor Bogner die Summe genannt, daß er sich überhaupt auf der Treppe hatte aufhalten lassen. Was ging ihn der Mensch an? Kameraden – nun ja, aber eigentliche Freunde waren sie doch nie gewesen! Und nun sollte sein Schicksal mit dem Bogners plötzlich unlöslich verbunden sein? Unsinn. Elf, zwölf – elf, zwölf. Zwölf, das klang vielleicht besser als elf, vielleicht brachte es ihm Glück... vielleicht geschah das Wunder – gerade, wenn er zwölf verlangte. Und während des ganzen Weges, von der Alserkaserne durch die Stadt bis zu dem uralten Haus in der engen Straße hinter dem Stefansdom, überlegte er, ob er den Onkel um elf- oder um zwölftausend Gulden bitten sollte – als hinge der Erfolg, als hinge am Ende sein Leben davon ab.

Eine ältliche Person, die er nicht kannte, öffnete auf sein Klingeln. Willi nannte seinen Namen. Der Onkel – ja, er sei nämlich der Neffe des Herrn Wilram –, der Onkel möge entschuldigen, es handle sich um eine sehr dringende Angelegenheit, und er werde keineswegs lange stören. Die Frau, zuerst unschlüssig, entfernte sich, kam merkwürdig rasch mit freundlicherer Miene wieder, und Willi – tief atmete er auf – wurde sofort vorgelassen.

10

Der Onkel stand an einem der beiden hohen Fenster; er trug nicht den talarartigen Schlafrock, in dem Willi ihn anzutreffen erwartet hatte, sondern einen gutgeschnittenen, aber etwas abgetragenen, hellen Sommeranzug und Lackhalbschuhe, die ihren Glanz verloren hatten. Mit einer weitläufigen, aber müden Geste winkte er dem Neffen entgegen. »Grüß dich Gott, Willi. Schön, daß du dich wieder einmal um deinen alten Onkel umschaust. Ich hab' geglaubt, du hast mich schon ganz vergessen.«

Die Antwort lag nahe, daß man ihn die letzten Male nicht empfangen und seine Briefe nicht beantwortet hatte, aber er hielt es für geratener, sich vorsichtiger auszudrücken. »Du lebst ja so zurückgezogen«, sagte er, »ich hab' nicht wissen können, ob dir ein Besuch auch willkommen gewesen wäre.«

Das Zimmer war unverändert. Auf dem Schreibtisch lagen Bücher und Papiere, der grüne Vorhang vor der Bibliothek war halbseits zugezogen, so daß einige alte Lederbände sichtbar waren; über dem Diwan war, wie früher, der Perserteppich gebreitet, und etliche gestickte Kopfkissen lagen darauf. An der Wand hingen zwei vergilbte Kupferstiche, die italienische Landschaften darstellten, und Familienporträts in mattgoldenen Rahmen; das Bild der Schwester hatte seinen Platz, wie früher, auf dem Schreibtisch, Willi erkannte es an Umriß und Rahmen von rückwärts.

»Willst du dich nicht setzen?« fragte Robert Wilram.

Willi stand, die Kappe in der Hand, mit umgeschnalltem Säbel, stramm, wie zu einer dienstlichen Meldung. Und in einem zu seiner Haltung nicht ganz stimmenden Tone begann er: »Die Wahrheit zu sagen, lieber Onkel, ich wär' wahrscheinlich auch heute nicht gekommen, wenn ich nicht – – also, mit einem Wort, es handelt sich um eine sehr, sehr ernste Angelegenheit.«

»Was du nicht sagst«, bemerkte Robert Wilram freundlich, aber ohne besondere Teilnahme.

»Für m i c h wenigstens ernst. Kurz und gut, ohne weitere Umschweife, ich habe eine Dummheit begangen, eine große

Dummheit. Ich – habe gespielt und habe mehr verspielt, als ich im Vermögen gehabt habe.«

»Hm, das ist schon ein bißl mehr wie eine Dummheit«, sagte der Onkel.

»Ein Leichtsinn war's«, bestätigte Willi, »ein sträflicher Leichtsinn. Ich will nichts beschönigen. Aber die Sache steht leider so: Wenn ich meine Schuld bis heute abend sieben Uhr nicht bezahlt habe, bin ich – bin ich einfach –« er zuckte die Achseln und hielt inne wie ein trotziges Kind.

Robert Wilram schüttelte bedauernd den Kopf, aber er erwiderte nichts. Die Stille im Raum wurde sofort unerträglich, so daß Willi gleich wieder zu reden anfing. Hastig berichtete er sein gestriges Erlebnis. Er sei nach Baden gefahren, um einen kranken Kameraden zu besuchen, sei dort mit anderen Offizieren, guten alten Bekannten, zusammengetroffen und habe sich zu einer Spielpartie verleiten lassen, die, anfangs ganz solid, im weiteren Verlauf, ohne sein Dazutun, in ein wildes Hasard ausgeartet sei. Die Namen der Beteiligten möchte er lieber verschweigen mit Ausnahme desjenigen, der sein Gläubiger geworden sei, ein Großkaufmann, ein südamerikanischer Konsul, ein gewisser Herr Schnabel, der unglücklicherweise morgen früh nach Amerika reise und für den Fall, daß die Schuld nicht bis abends beglichen sei, mit der Anzeige ans Regimentskommando gedroht habe. »Du weißt, Onkel, was das zu bedeuten hat«, schloß Willi und ließ sich plötzlich ermüdet auf den Diwan nieder.

Der Onkel, den Blick über Willi hinweg auf die Wand gerichtet, aber immer noch freundlich, fragte: »Um was für einen Betrag handelt es sich denn eigentlich?«

Wieder schwankte Willi. Zuerst dachte er doch die tausend Gulden für Bogner dazuzuschlagen, dann aber war er plötzlich überzeugt, daß gerade der kleine Mehrbetrag den Ausgang in Frage stellen könnte, und so nannte er nur die Summe, die er für seinen Teil schuldig war.

»Elftausend Gulden«, wiederholte Robert Wilram kopfschüttelnd, und es klang fast ein Ton von Bewunderung mit.

»Ich weiß«, erwiderte Willi rasch, »es ist ein kleines Vermögen. Ich versuche auch gar nicht, mich zu rechtfertigen. Es war ein niederträchtiger Leichtsinn, ich glaub' der erste – gewiß aber der letzte meines Lebens. Und ich kann nichts anderes tun, als dir schwören, Onkel, daß ich in meinem ganzen Leben keine Karte mehr anrühren, daß ich mich bemühen werde, dir durch ein streng solides Leben meine ewige Dankbarkeit zu beweisen, ja, ich bin bereit – ich erkläre feierlich, auf jeden Anspruch für später, der mir etwa durch unsere Verwandtschaft erwachsen könnte, ein für allemal zu verzichten, wenn du nur diesmal, dieses eine Mal, – Onkel –«

Nachdem Robert Wilram bisher immer noch keine innere Bewegung gezeigt hatte, schien er nun allmählich in eine gewisse Unruhe zu geraten. Schon früher hatte er die eine Hand wie abwehrend erhoben, nahm nun die andere zu Hilfe, als wollte er den Neffen durch eine möglichst ausdrucksvolle Geste zum Schweigen bringen, und mit einer ungewohnt hohen, fast schrillen Stimme unterbrach er ihn. »Bedauere sehr, bedauere aufrichtig, ich kann dir beim besten Willen nicht helfen.« Und da Willi den Mund zu einer Erwiderung auftat: »Absolut nicht helfen; jedes weitere Wort wäre überflüssig, also bemühe dich nicht weiter.« Und er wandte sich dem Fenster zu.

Willi, zuerst wie vor den Kopf geschlagen, besann sich, daß er doch keineswegs hatte hoffen dürfen, den Onkel im ersten Ansturm zu besiegen, und so begann er von neuem: »Ich gebe mich ja keiner Täuschung hin, Onkel, daß meine Bitte eine Unverschämtheit ist, eine Unverschämtheit ohnegleichen; – ich hätte auch nie und nimmer gewagt, an dich heranzutreten, wenn nur die geringste Möglichkeit bestände, das Geld in irgendeiner anderen Weise aufzutreiben. Du mußt dich nur in meine Lage versetzen, Onkel. Alles, alles steht für mich auf dem Spiel, nicht nur meine Existenz als Offizier. Was soll ich, was kann ich denn anderes anfangen? Ich hab' ja sonst nichts gelernt, ich versteh' ja nichts weiter. Und ich kann doch überhaupt nicht als weggejagter Offizier – grad gestern hab' ich zufällig einen früheren Kameraden wiedergetroffen, der auch – nein, nein, lieber eine Kugel vor den Kopf. Sei mir nicht bös, Onkel. Du mußt dir das nur vorstellen. Der Vater war Offizier, der Großvater ist als Feldmarschalleutnant gestorben. Um Gottes willen, es kann doch nicht so mit mir enden. Das wäre doch eine zu harte Strafe für einen leichtsinnigen Streich. Ich bin ja kein Gewohnheitsspieler, das weißt du. Ich hab' nie Schulden gemacht. Auch im letzten Jahr nicht, wo es mir ja manchmal recht schwer zusammengegangen ist. Und ich habe mich nie verleiten lassen, obwohl man es mir direkt angetragen hat. Freilich, ein solcher Betrag! Ich glaube, nicht einmal zu Wucherzinsen könnte ich mir je einen solchen Betrag beschaffen. Und wenn schon, was käm' dabei heraus? In einem halben Jahr wär' ich das Doppelte schuldig, in einem Jahr das Zehnfache – und –«

»Genug, Willi«, unterbrach ihn Wilram endlich mit noch schrillerer Stimme als vorher. »Genug, ich kann dir nicht helfen; – ich möcht' ja gern, aber ich kann nicht. Verstehst du? Ich hab' selber nichts, nicht hundert Gulden hab' ich im Vermögen, wie du mich da siehst. Da, da...« Er riß eine Lade nach der anderen auf, die Schreibtischladen, die Kommodenladen, als wäre es ein Beweis für die Wahrheit seiner Worte, daß dort freilich keinerlei Banknoten oder Münzen zu sehen waren, sondern nur Papiere, Schachteln, Wäsche, allerlei Kram. Dann warf er auch seine Geldbörse auf den Tisch hin. »Kannst selber nachschaun, Willi, und wenn du mehr findest als hundert Gulden, so kannst du mich meinetwegen halten – wofür du willst.« Und plötzlich sank er in den Stuhl vor dem Schreibtisch hin und ließ die Arme schwer auf die Platte hinfallen, so daß einige Bogen Papier auf den Fußboden flatterten.

Willi hob sie beflissen auf, dann ließ er den Blick durch den Raum schweifen, als müßte er nun doch da oder dort irgendwelche Veränderungen entdecken, die den so unbegreiflich veränderten Verhältnissen des Onkels entsprächen. Aber alles sah genau so aus wie vor zwei oder drei Jahren. Und er fragte sich, ob sich denn wirklich die Dinge so verhalten müßten, wie es der Onkel versicherte. War der sonderbare alte Mann, der ihn vor zwei Jahren so unerwartet, so plötzlich im Stich gelassen hatte, nicht auch imstande, durch eine Lüge, die er durch Komödienspielerei glaubhafter machen wollte, sich vor weiterem Drängen und Flehen des Neffen schützen zu wollen? Wie? Man lebte in einer wohlgehaltenen Wohnung der inneren Stadt mit einer Art von Wirtschafterin, die schönen Ledereinbände standen wie früher im Bücherschrank, die mattgold gerahmten Bilder hingen noch alle an den Wänden –, und der Besitzer all dieser Dinge sollte indes zum Bettler geworden sein? Wo wäre denn sein Vermögen hingekommen im Verlauf dieser letzten zwei oder drei Jahre? Willi glaubte ihm nicht. Er hatte nicht den geringsten Grund, ihm zu glauben, und noch weniger Grund hatte er, sich einfach geschlagen zu geben, da er doch in keinem Fall mehr etwas zu verlieren hatte. So entschloß er sich zu einem letzten Versuch, der aber weniger kühn ausfiel, als er sich vorgenommen; denn mit einemmal, zu seiner eigenen Verwunderung, zu seiner Beschämung stand er vor Onkel Robert mit gefalteten Händen da und flehte: »Es geht um mein Leben, Onkel, glaube mir, es geht um mein Leben. Ich bitte dich, ich –« Die Stimme versagte ihm, einer plötzlichen Eingebung folgend ergriff er die Photographie der Mutter und hielt sie dem Onkel wie beschwörend entgegen. Der aber, mit leichtem Stirnrunzeln, nahm ihm das Bild sanft aus der Hand, stellte es ruhig auf seinen Platz zurück, und leise, durchaus nicht unwillig, bemerkte er: »Deine Mutter hat mit der Sache nichts zu tun. Sie kann dir nicht helfen – so wenig als mir. Wenn ich dir nicht helfen wollte, Willi, brauchte ich ja keine Ausrede. Verpflichtungen, besonders in einem solchen Fall, erkenne ich nicht an. Und, meiner Ansicht nach, kann man immer noch ein ganz anständiger Mensch sein – und werden, auch in Zivil. Die Ehre verliert man auf andere Weise. Aber so weit, daß du das begreifst, kannst du heute noch nicht sein. Und darum sage ich dir noch einmal: Hätte ich das Geld, verlaß dich drauf, ich würde es dir geben. Aber ich hab's nicht. Nichts hab' ich. Ich hab' mein Vermögen nicht mehr. Ich besitze nur mehr eine Leibrente. Ja, jeden Ersten und Fünfzehnten kriege ich so und so viel ausgezahlt, und heute« – er wies mit einem trüben Lächeln auf die Geldbörse –, »heute ist der Siebenundzwanzigste.« Und da er in Willis Augen plötzlich einen Hoffnungsstrahl erschimmern sah, fügte er gleich hinzu: »Ah, du meinst, auf meine Leibrente könnte ich ein Darlehen aufnehmen. Ja, mein lieber Willi, es kommt eben darauf an, woher man sie hat und unter welchen Bedingungen man sie gekriegt hat.«

»Vielleicht, Onkel, vielleicht wäre es doch möglich, vielleicht könnten wir gemeinsam –«

Robert Wilram aber unterbrach ihn heftig: »Nichts ist möglich, absolut nichts.« Und wie in dumpfer Verzweiflung: »Ich kann dir nicht helfen, glaub' mir, ich kann nicht.« Und er wandte sich ab.

»Also«, erwiderte Willi nach kurzem Besinnen, »da kann ich halt nichts tun, als dich um Verzeihung bitten, daß ich – adieu, Onkel.« Er war schon an der Tür, als die Stimme Roberts ihn wieder festbannte. »Willi, komm her, ich will nicht, daß du mich – ich kann's dir ja sagen, also kurz und gut, ich habe nämlich mein Vermögen, gar so viel war es ja nicht mehr, meiner Frau überschrieben.«

»Du bist verheiratet!« rief Willi erstaunt aus, und eine neue Hoffnung erglänzte in seinen Augen. »Also, wenn deine Frau Gemahlin das Geld hat, dann müßte sich doch ein Modus finden lassen – ich meine, wenn du deiner Frau Gemahlin sagst, daß es sich –«

Robert Wilram unterbach ihn mit einer ungeduldigen Handbewegung. »Gar nichts werde ich ihr sagen. Dring nicht weiter in mich. Wär' alles vergeblich.« Er hielt inne.

Willi aber, nicht gewillt, die letzte aufgetauchte Hoffnung gleich wieder aufzugeben, versuchte aufs neue anzuknüpfen und begann: »Deine – Frau Gemahlin lebt wahrscheinlich nicht in Wien?«

»O ja, sie lebt in Wien, aber nicht mit mir zusammen, wie du siehst.« Er ging ein paarmal im Zimmer hin und her, dann, mit einem bitteren Lachen, sagte er: »Ja, ich habe mehr verloren als ein Portepee und lebe auch weiter. Ja, Willi –«, er unterbrach sich plötzlich und begann gleich wieder von neuem: »Vor anderthalb Jahren habe ich ihr mein Vermögen überschrieben – freiwillig. Und ich habe es eigentlich mehr um meinetwillen getan als um ihretwillen... Denn ich bin ja nicht sehr haushälterisch angelegt, und sie – sie ist sehr sparsam, das muß man ihr lassen, und auch sehr geschäftstüchtig und hat das Geld vernünftiger angelegt, als ich das je getroffen hätte. Sie hat es in irgendwelchen Unternehmungen investiert – in die näheren Umstände bin ich nicht eingeweiht –, ich verstünde auch nichts davon. Und die Rente, die ich ausbezahlt bekomme, beträgt zwölfeinhalb Prozent, das ist nicht wenig, also beklagen darf ich mich nicht... Zwölfeinhalb Prozent. Aber auch keinen Kreuzer mehr. Und jeder Versuch, den ich anfangs unternommen habe, um gelegentlich einen Vorschuß zu bekommen, war umsonst. Nach dem zweiten Versuch habe ich es übrigens wohlweislich unterlassen. Denn dann habe ich sie sechs Wochen nicht zu sehen bekommen, und sie hat einen Eid geschworen, daß ich sie überhaupt nie wieder zu Gesicht bekomme, wenn ich jemals wieder mit einem solchen Ansinnen an sie herantrete. Und das – das hab' ich nicht riskieren wollen. Ich brauch' sie nämlich, Willi, ich kann ohne sie nicht existieren. Alle acht Tage sehe ich sie, alle acht Tage kommt sie einmal zu mir. Ja, sie hält unsern Pakt, sie ist überhaupt das ordentlichste Geschöpf von der Welt. Noch nie ist sie ausgeblieben, und auch das Geld war jeden Ersten und Fünfzehnten pünktlich da. Und im Sommer sind wir alljährlich ganze vierzehn Tage irgendwo auf dem Land beisammen. Das steht auch in unserm Kontrakt. Aber die übrige Zeit, die gehört ihr.«

»Und du selbst, Onkel, besuchst sie nie?« fragte Willi einigermaßen verlegen.

»Aber freilich, Willi. Am ersten Weihnachtsfeiertag, am Ostersonntag und am Pfingstmontag. Der ist heuer am achten Juni.«

»Und wenn du, verzeih Onkel, wenn es dir einmal einfiele, an irgendeinem andern Tag – du bist doch schließlich ihr Mann, Onkel, und wer weiß, ob es ihr nicht eher schmeicheln würde, wenn du einmal –«

»Kann ich nicht riskieren«, unterbrach ihn Robert Wilram. »Einmal – weil ich dir schon alles gesagt habe – also einmal bin ich am Abend in ihrer Straße auf und ab gegangen, in der Nähe von ihrem Haus, zwei Stunden lang –«

»Nun und?«

»Sie ist nicht sichtbar geworden. Aber am nächsten Tag ist ein Brief von ihr gekommen, in dem ist nur gestanden, daß ich sie in meinem Leben nicht wieder zu sehen bekomme, wenn ich es mir noch einmal einfallen ließe, vor ihrem Wohnhaus herumzupromenieren. Ja, Willi, so steht's. Und ich weiß, wenn mein eigenes Leben daran hinge – sie ließ' mich eher zugrunde gehen, als daß sie mir auch nur den zehnten Teil von dem, was du verlangst, außer der Zeit ausbezahlen würde. Da wirst du viel eher den Herrn Konsul zur Nachgiebigkeit bewegen, als ich jemals das Herz meiner ›Frau Gemahlin‹ zu erweichen imstande wäre.«

»Und – – war sie denn immer so?« fragte Willi.

»Das ist doch egal«, erwiderte Robert Wilram ungeduldig. »Auch wenn ich alles vorausgesehen hätte, es hätte mir nichts genützt. Ich war ihr verfallen vom ersten Moment an, wenigstens von der ersten Nacht an, und die war unsere Hochzeitsnacht.«

»Selbstverständlich«, sagte Willi, wie vor sich hin.

Robert Wilram lachte auf. »Ah, du meinst, sie ist eine anständige junge Dame gewesen aus einer guten bürgerlichen Familie? Gefehlt, mein lieber Willi, eine Dirne ist sie gewesen. Und wer weiß, ob sie es nicht heut noch ist – für andere.«

Willi fühlte sich verpflichtet, durch eine Geste seine Zweifel anzudeuten; und er hegte sie wirklich, weil er sich nach dem ganzen Bericht des Onkels dessen Frau unmöglich als ein junges und reizvolles Geschöpf vorzustellen imstande war. Er hatte sie die ganze Zeit über als eine hagere, gelbliche, geschmacklos gekleidete, ältliche Person mit einer spitzen Nase vor sich gesehen, und flüchtig dachte er, ob der Onkel nicht seiner Empörung über die unwürdige Behandlung, die er von ihr erleiden mußte, durch eine bewußt ungerechte Beschimpfung Luft machen wollte. Aber Robert Wilram schnitt ihm jedes Wort ab und sprach gleich weiter. »Also, Dirne ist ja vielleicht zu viel gesagt – Blumenmädel war sie halt damals. Beim ›Hornig‹ hab' ich sie zum erstenmal gesehen vor vier oder fünf Jahren; du übrigens auch. Ja, du wirst dich vielleicht noch an sie erinnern.« Und auf Willis fragenden Blick: »Wir waren damals in einer größeren Gesellschaft dort, ein Jubiläum von dem Volkssänger Kriebaum war's, ein knallrotes Kleid hat sie angehabt, einen blonden Wuschelkopf und eine blaue Schleife um den Hals.« Und mit einer Art verbissener Freude setzte er hinzu: »Ziemlich ordinär hat sie ausgesehen. Im nächsten Jahr beim Ronacher, da hat sie schon ganz anders ausgeschaut, da hat sie sich ihre Leute schon aussuchen können. Ich hab' leider kein Glück bei ihr gehabt. Mit anderen Worten: ich war ihr halt nicht zahlungsfähig genug im Verhältnis zu meinen Jahren – na, und dann ist es eben gekommen, wie es manchmal zu kommen pflegt, wenn sich ein alter Esel von einem jungen Frauenzimmer den Kopf verdrehen läßt. Und vor zweieinhalb Jahren habe ich das Fräulein Leopoldine Lebus zur Frau genommen.«

Also Lebus hat sie mit dem Zunamen geheißen, dachte Willi. Denn daß das Mädel, von dem der Onkel erzählte, niemand anders sein konnte als die Leopoldine – wenn Willi auch diesen Namen längst wieder vergessen hatte –, das war ihm in demselben Augenblick klar gewesen, da der Onkel den Hornig, das rote Kleid und den blonden Wuschelkopf erwähnt hatte. Natürlich hatte er sich wohl gehütet, sich zu verraten, denn wenn sich der Onkel auch über das Vorleben des Fräulein Leopoldine Lebus keinerlei Illusionen zu machen schien, es wäre ihm doch gewiß recht peinlich gewesen, zu ahnen, wie jener Abend beim Hornig geendet, oder gar zu erfahren, daß Willi nachts um drei, nachdem er den Onkel zuerst nach Hause gebracht, die Leopoldine heimlich wieder getroffen hatte und bis zum Morgen mit ihr zusammengeblieben war. So tat er für alle Fälle so, als könnte er sich des ganzen Abends nicht recht erinnern; und als gälte es, dem Onkel etwas Tröstliches zu sagen, bemerkte er, daß gerade aus solchen Wuschelköpfen manchmal sehr brave Haus- und Ehefrauen würden, während im Gegensatz dazu Mädchen aus guter Familie und mit tadellosem Ruf ihren späteren Gatten zuweilen schon recht schlimme Enttäuschungen bereitet hätten. Er wußte auch ein Beispiel von einer Baronesse, die ein Kamerad geheiratet hatte, also eine junge Dame aus feinster, aristokratischer Familie, und die man kaum zwei Jahre nach der Hochzeit einem andern Kameraden in einem »Salon«, wo »anständige Frauen« zu fixen Preisen zu haben waren, zugeführt hatte. Der ledige Kamerad hatte sich verpflichtet gefühlt, den Ehemann zu verständigen; die Folge: Ehrengericht, Duell, schwere Verwundung des Gatten, Selbstmord der Frau; – der Onkel mußte ja in der Zeitung davon gelesen haben! Die Affäre hatte ja so viel Aufsehen gemacht. Willi sprach sehr lebhaft, als interessiere ihn diese Angelegenheit plötzlich mehr als seine eigene, und es kam ein Augenblick, in dem Robert Wilram einigermaßen befremdet zu ihm aufsah. Willi besann sich, und obwohl doch der Onkel unmöglich auch nur im entferntesten den Plan ahnen konnte, der indes in Willi aufgetaucht und weitergereift war, hielt er es doch für richtig, den Ton zu dämpfen und das Thema, das doch eigentlich nicht hierher gehörte, zu verlassen. Und etwas unvermittelt erklärte er, daß er nach den Aufschlüssen, die ihm der Onkel gegeben, natürlich nicht weiter in ihn dringen dürfe, und er ließ sogar gelten, daß ein Versuch beim Konsul Schnabel immerhin noch eher Aussicht auf Erfolg haben könnte als bei dem gewesenen Fräulein Leopoldine Lebus; und dann wäre es immerhin nicht undenkbar, daß auch der Oberleutnant Höchster, der eine kleine Erbschaft gemacht, vielleicht auch ein Regimentsarzt, der gestern an der Spielpartie teilgenommen hatte, sich gemeinsam bereitfänden, ihn aus seiner fürchterlichen Situation zu retten. Ja, Höchster müsse er vor allem aufsuchen, der hatte heute Kasernendienst.

Der Boden brannte ihm unter den Füßen, er sah auf die Uhr, stellte sich plötzlich noch eiliger an, als er war, reichte dem Onkel die Hand, schnallte den Säbel fester und ging.

11

Nun aber kam es vor allem darauf an, Leopoldinens Adresse zu erfahren, und Willi machte sich unverzüglich auf den Weg zum Meldungsamt. Daß sie ihm seine Bitte abschlagen könnte, sobald er sie überzeugt hatte, daß sein Leben auf dem Spiel stand, erschien ihm in diesem Augenblick geradezu unmöglich. Ihr Bild, das im Laufe der seither vergangenen Jahre kaum jemals in ihm aufgetaucht war, jener ganze Abend erstand neu lebendig in seiner Erinnerung. Er sah den blonden Wuschelkopf auf dem grobleinenen weißen, rotdurchschimmerten Bettpolster, das blasse, rührend-kindliche Gesicht, auf das durch die Spalten der schadhaften grünen Holzjalousien das Dämmerlicht des Sommermorgens fiel, sah den schmalen Goldreif mit dem Halbedelstein auf dem Ringfinger ihrer Rechten, die über der roten Bettdecke lag, das schmale silberne Armband um das Gelenk ihrer Linken, die sie Abschied winkend aus dem Bett hervorstreckte, als er sie verließ. Sie hatte ihm so gut gefallen, daß er sich beim Abschied fest entschlossen glaubte, sie wiederzusehen; es traf sich aber zufällig, daß gerade damals ein anderes weibliches Wesen ältere Rechte an ihn hatte, die ihm als die ausgehaltene Geliebte eines Bankiers keinen Kreuzer kostete, was bei seinen Verhältnissen immerhin in Betracht kam; – und so fügte es sich, daß er sich weder beim Hornig wieder blicken ließ, noch auch von der Adresse ihrer verheirateten Schwester Gebrauch machte, bei der sie wohnte und wohin er ihr hätte schreiben können. So hatte er sie seit jener einzigen Nacht niemals wiedergesehen. Aber was immer sich seither in ihrem Leben ereignet haben mochte, so sehr konnte sie sich nicht verändert haben, daß sie ruhig geschehen ließe – was eben geschehen mußte, wenn sie eine Bitte zurückwies, die zu erfüllen für sie doch so leicht war.

Er hatte immerhin eine Stunde im Meldungsamt zu warten, bis er den Zettel mit Leopoldinens Adresse in der Hand hielt. Dann fuhr er in einem geschlossenen Wagen bis zur Ecke der Gasse, in der Leopoldine wohnte, und stieg aus.

Das Haus war ziemlich neu, vier Stock hoch, nicht übermäßig

freundlich anzusehen, und lag gegenüber einem eingezäunten Holzplatz. Im zweiten Stock öffnete ihm ein nettgekleidetes Dienstmädchen; auf seine Frage, ob Frau Wilram zu sprechen sei, betrachtete sie ihn zögernd, worauf er ihr seine Visitenkarte reichte: Wilhelm Kasda, Leutnant im k. u. k. Infanterie-Regiment Nr. 98, Alserkaserne. Das Mädchen kam sofort mit dem Bescheid wieder, die gnädige Frau sei sehr beschäftigt; – was der Herr Leutnant wünsche? Nun erst fiel ihm ein, daß Leopoldine wahrscheinlich seinen Zunamen nicht kannte. Er überlegte, ob er sich einfach als einen alten Freund oder etwa scherzhaft als einen Cousin des Herrn von Hornig ausgeben sollte, als die Tür sich öffnete, ein älterer, dürftig gekleideter Mensch mit einer schwarzen Aktentasche heraustrat und dem Ausgang zuschritt. Dann ertönte eine weibliche Stimme: »Herr Kraßny!« was dieser, schon im Stiegenhaus, nicht mehr zu hören schien, worauf die Dame, die gerufen, persönlich ins Vorzimmer trat und nochmals nach Herrn Kraßny rief, so daß dieser sich umwandte. Leopoldine aber hatte den Leutnant schon erblickt und, wie ihr Blick und ihr Lächeln verriet, sofort wiedererkannt. Sie sah dem Geschöpf nicht im geringsten ähnlich, das er in der Erinnerung bewahrt hatte, war stattlich und voll, ja anscheinend größer geworden, trug eine einfache glatte, beinahe strenge Frisur, und, was das Merkwürdigste war, auf der Nase saß ihr ein Zwicker, dessen Schnur sie um das Ohr geschlungen hatte.

»Bitte, Herr Leutnant«, sagte sie. – Und nun merkte er, daß ihre Züge eigentlich ganz unverändert waren. »Bitte nur weiterzuspazieren, ich stehe gleich zur Verfügung.« Sie wies auf die Tür, aus der sie gekommen war, wandte sich Herrn Kraßny zu und schien ihm irgendeinen Auftrag, zwar leise und für Willi unverständlich, aber eindringlich einzuschärfen. Willi trat indes in ein helles und geräumiges Zimmer, in dessen Mitte ein langer Tisch stand, mit Tintenzeug, Lineal, Bleistiften und Geschäftsbüchern; an den Wänden rechts und links ragten zwei hohe Aktenschränke, auf der Rückwand über einem Tischchen mit Zeitungen und Prospekten war eine große Landkarte von Europa ausgespannt, und Willi mußte unwillkürlich an das Reisebüro einer Provinzstadt denken, in dem er einmal zu tun gehabt hatte. Gleich darauf aber sah er das armselige Hotelzimmer vor sich, mit den schadhaften Jalousien und dem durchscheinenden Bettpolster – – und es war ihm sonderbar zumute, beinahe wie in einem Traum.

Leopoldine trat ein, schloß die Tür hinter sich, den Zwicker ließ sie nun in den Fingern hin und her spielen, dann streckte sie dem Leutnant die Hand entgegen, freundlich, aber ohne merkliche Erregung. Er beugte sich über die Hand, als wenn er sie küssen wollte, doch sie entzog sie ihm sofort. »Nehmen Sie doch Platz, Herr Leutnant. Was verschafft mir das Vergnügen?« Sie wies ihm einen bequemen Stuhl an; sie selbst nahm ihren offenbar gewohnten Platz auf einem einfacheren Sessel ihm gegenüber an dem langen Tisch mit den Geschäftsbüchern ein. Willi kam sich vor, als wäre er bei einem Advokaten oder Arzt. – »Womit kann ich dienen?« fragte sie nun mit einem beinahe ungeduldigen Ton, der nicht sehr ermutigend klang.

»Gnädige Frau«, begann Willi nach einem leichten Räuspern, »ich muß vor allem vorausschicken, daß es nicht etwa mein Onkel war, der mir Ihre Adresse gegeben hat.«

Sie blickte verwundert auf. »Ihr Onkel?«

»Mein Onkel Robert Wilram«, betonte Willi.

»Ach ja«, lächelte sie und sah vor sich hin.

»Er weiß selbstverständlich nichts von diesem Besuch«, fuhr Willi etwas hastiger fort. »Ich muß das ausdrücklich bemerken.« Und auf ihren verwunderten Blick: »Ich habe ihn überhaupt schon lange nicht gesehen, aber es war nicht meine Schuld. Erst heute, im Laufe des Gesprächs, teilte er mir mit, daß er sich – in der Zwischenzeit vermählt hätte.«

Leopoldine nickte freundlich. »Eine Zigarette, Herr Leutnant?« Sie wies auf die offene Schachtel, er bediente sich, sie gab ihm Feuer und zündete sich gleichfalls eine Zigarette an. »Also, darf ich nun endlich wissen, welchem Umstand ich das Vergnügen zu verdanken habe –«

»Gnädige Frau, es handelt sich bei meinem Besuch um die gleiche Angelegenheit, die mich – zu meinem Onkel geführt hat. Eine eher – peinliche Angelegenheit, wie ich leider gleich bemerken muß«, – und da ihr Blick sich sofort auffallend verdunkelte – »ich will Ihre Zeit nicht allzusehr in Anspruch nehmen, gnädige Frau. Ganz ohne Umschweife: ich würde Sie nämlich ersuchen, mir auf – drei Monate einen gewissen Betrag vorzustrecken.«

Nun erhellte sich sonderbarerweise ihr Blick wieder. »Ihr Vertrauen ist für mich sehr schmeichelhaft, Herr Leutnant«, sagte sie und streifte die Asche von ihrer Zigarette, »obzwar ich eigentlich nicht recht weiß, wie ich zu dieser Ehre komme. Darf ich in jedem Fall fragen, um welchen Betrag es sich handelt?« Sie trommelte mit ihrem Zwicker leicht auf den Tisch.

»Um elftausend Gulden, gnädige Frau.« Er bereute, daß er nicht zwölf gesagt hatte. Schon wollte er sich verbessern, dann fiel ihm plötzlich ein, daß der Konsul sich vielleicht mit zehntausend zufrieden geben würde, und so ließ er es bei den elf bewenden.

»So«, sagte Leopoldine, »elftausend, das kann man ja wirklich schon einen ›gewissen Betrag‹ nennen.« Sie ließ ihre Zunge zwischen den Zähnen spielen. »Und welche Sicherheit würden Sie mir bieten, Herr Leutnant?«

»Ich bin Offizier, gnädige Frau.«

Sie lächelte – beinahe gütig. »Verzeihen Sie, Herr Leutnant, aber das bedeutet nach geschäftlichen Usancen noch keine Sicherheit. Wer würde für sie bürgen?«

Willi schwieg und blickte zu Boden. Eine brüske Abweisung hätte ihn nicht minder verlegen gemacht als diese kühle Höflichkeit. »Verzeihen Sie, gnädige Frau«, sagte er. »Die formelle Seite der Angelegenheit habe ich mir freilich noch nicht genügend überlegt. Ich befinde mich nämlich in einer ganz verzweifelten Situation. Es handelt sich um eine Ehrenschuld, die bis morgen acht Uhr früh beglichen werden muß. Sonst ist eben die Ehre verloren und – was bei unsereinem sonst noch dazugehört.« Und da er nun in ihren Augen eine Spur von Teilnahme glaubte schimmern zu sehen, erzählte er ihr, geradeso wie eine Stunde vorher dem Onkel, doch in gewandteren und bewegteren Worten, die Geschichte der vergangenen Nacht. Sie hörte ihn mit immer deutlicheren Anzeichen des Mitgefühls, ja des Bedauerns an. Und als er geendet, fragte sie mit einem verheißungsvollen Augenaufschlag: »Und ich – ich, Willi, bin das einzige menschliche Wesen auf Erden, an das du dich in dieser Situation wenden konntest?«

Diese Ansprache, insbesondere ihr Du, beglückte ihn. Schon hielt er sich für gerettet. »Wär' ich sonst da?« fragte er. »Ich habe wirklich keinen andern Menschen.«

Sie schüttelte teilnehmend den Kopf. »Um so peinlicher ist es mir«, erwiderte sie und drückte langsam ihre glimmende Zigarette aus, »daß ich leider nicht in der Lage bin, dir gefällig zu sein. Mein Vermögen ist in verschiedenen Unternehmungen festgelegt. Über nennenswerte Barbeträge verfüge ich niemals. Bedauere wirklich.« Und sie erhob sich von ihrem Sessel, als wäre eine Audienz beendet. Willi, im tiefsten erschrocken, blieb sitzen. Und zögernd, unbeholfen, fast stotternd, gab er ihr zur Erwägung, ob nicht doch bei dem wahrscheinlich sehr günstigen Stand ihrer geschäftlichen Unternehmungen eine Anleihe aus irgendwelchen Kassenbeständen oder die Inanspruchnahme irgendeines Kredites möglich wäre. Ihre Lippen kräuselten sich ironisch, und seine geschäftliche Naivität nachsichtig belächelnd sagte sie: »Du stellst dir diese Dinge etwas einfacher vor, als sie sind, und offenbar hältst du es für ganz selbstverständlich, daß ich mich in deinem Interesse in irgendeine finanzielle Transaktion einließe, die ich in meinem eigenen nie und nimmer unternähme. Und noch dazu ohne jede Sicherstellung! – Wie komm' ich eigentlich dazu?« Diese letzten Worte klangen nun wieder so freundlich, ja kokett, als sei sie innerlich doch schon bereit nachzugeben und erwarte nur noch ein bittendes, ein beschwörendes Wort aus seinem Mund. Er glaubte es gefunden zu haben und sagte: »Gnädige Frau – Leopoldine – meine Existenz, mein Leben steht auf dem Spiel.«

Sie zuckte leicht zusammen; er spürte, daß er zu weit gegangen war, und fügte leise hinzu: »Bitte um Verzeihung.«

Ihr Blick wurde undurchdringlich, und nach kurzem Schweigen bemerkte sie trocken: »Keineswegs kann ich eine Entscheidung treffen, ohne meinen Advokaten zu Rate gezogen zu haben.« Und da nun sein Auge in neuer Hoffnung zu leuchten begann, mit einer wie abwehrenden Handbewegung: »Ich habe heute ohnehin eine Besprechung mit ihm – um fünf in seiner Kanzlei. Ich will sehen, was sich machen läßt. Jedenfalls rate ich dir, verlaß dich nicht darauf, nicht im geringsten. Denn eine sogenannte Kabinettsfrage werde ich natürlich nicht daraus machen.« Und mit plötzlicher Härte fügte sie hinzu: »Ich wüßte wirklich nicht, warum.« Dann aber lächelte sie wieder und reichte ihm die Hand. Nun erlaubte sie ihm auch, einen Kuß darauf zu drücken.

»Und wann darf ich mir die Antwort holen?«

Sie schien eine Weile nachzudenken: »Wo wohnst du?«

»Alserkaserne«, erwiderte er rasch, »Offizierstrakt, dritte Stiege, Zimmer vier.«

Sie lächelte kaum. Dann sagte sie langsam: »Um sieben, halb acht werd' ich jedenfalls schon wissen, ob ich in der Lage bin oder nicht – –«, überlegte wieder eine Weile und schloß mit Entschiedenheit: »Ich werde dir die Antwort zwischen sieben und acht durch eine Vertrauensperson übermitteln lassen.« Sie öffnete ihm die Tür und geleitete ihn in den Vorraum. »Adieu, Herr Leutnant.«

»Auf Wiedersehn«, erwiderte er betroffen. Ihr Blick war kalt und fremd. Und als das Dienstmädchen dem Herrn Leutnant die Tür ins Stiegenhaus auftat, war Frau Leopoldine Wilram schon in ihrem Zimmer verschwunden.

12

Während der kurzen Zeit, die Willi bei Leopoldine verbracht hatte, war er durch so wechselhafte Stimmungen der Entmutigung, der Hoffnung, der Geborgenheit und neuer Enttäuschung gegangen, daß er die Treppe wie benommen hinabstieg. Im Freien erst gewann er einige Klarheit wieder, und nun schien ihm seine Angelegenheit im ganzen nicht ungünstig zu stehen. Daß Leopoldine, wenn sie nur wollte, in der Lage war, sich für ihn das Geld zu beschaffen, war zweifellos; daß es in ihrer Macht lag, ihrem Rechtsanwalt zu bestimmen, wie es ihr beliebte, dafür war ihr ganzes Wesen Beweis genug; – daß endlich in ihrem Herzen noch etwas für ihn sprach –, dieses Gefühl wirkte so stark in Willi nach, daß er sich, im Geist eine lange Frist überspringend, plötzlich als Gatten der verwitweten Frau Leopoldine Wilram, nunmehriger Frau Majorin Kasda, zu erblicken glaubte.

Doch dieses Traumbild verblaßte bald, während er in Sommermittagsschwüle durch mäßig belebte Gassen eigentlich ziellos dem Ring zu spazierte. Er erinnerte sich nun wieder des unerfreulichen Büroraums, in dem sie ihn empfangen hatte; und ihr Bild, um das eine Weile hindurch eine gewisse weibliche Anmut geflossen war, nahm wieder den harten, beinahe strengen Ausdruck an, der ihn in manchen Momenten eingeschüchtert hatte. Doch wie immer es kommen sollte, noch viele Stunden der Ungewißheit lagen vor ihm; und auf irgendeine Weise mußten sie hingebracht werden. Es kam ihm der Einfall, sich, wie man das so nennt, einen »guten Tag« zu machen, und wenn – ja gerade wenn es der letzte wäre. Er entschloß sich, das Mittagessen in einem vornehmen Hotelrestaurant einzunehmen, wo er seinerzeit ein paarmal mit dem Onkel gespeist hatte, ließ sich in einer kühlen, dämmerigen Ecke eine vortreffliche Mahlzeit servieren, trank eine Flasche herbsüßen ungarischen Weins dazu und geriet allmählich in einen Zustand von Behaglichkeit, gegen den er sich nicht zu wehren vermochte. Mit einer guten Zigarre saß er noch geraume Zeit, der einzige Gast, in der Ecke des Samtdiwans, duselte vor sich hin, und als ihm der Kellner echte ägyptische Zigaretten zum Kauf anbot, nahm er gleich eine ganze Schachtel; es war ja alles egal, schlimmstenfalls vererbte er sie seinem Burschen.

Als er wieder auf die Straße trat, war ihm nicht anders zumute, als wenn ihm ein einigermaßen bedenkliches, aber doch im wesentlichen interessantes Abenteuer bevorstünde, etwa ein

Duell. Und er erinnerte sich eines Abends, einer halben Nacht, die er vor zwei Jahren mit einem Kameraden verbracht hatte, der am nächsten Morgen auf Pistolen antreten sollte; – zuerst in Gesellschaft von ein paar weiblichen Wesen, dann mit ihm allein unter ernsten, gewissermaßen philosophischen Gesprächen. Ja, so ähnlich mußte dem damals zumute gewesen sein; und daß die Sache damals gut ausgegangen war, erschien Willi wie eine günstige Vorbedeutung.

Er schlenderte über den Ring, ein junger, nicht übermäßig eleganter Offizier, aber schlank gewachsen, leidlich hübsch, und den jungen Damen aus verschiedensten Kreisen, die ihm begegneten, wie er an manchem Augenaufschlag bemerkte, ein nicht unerfreulicher Anblick. Vor einem Kaffeehaus im Freien trank er einen Mokka, rauchte Zigaretten, blätterte in illustrierten Zeitungen, musterte die Vorübergehenden, ohne sie eigentlich zu sehen; und allmählich erst, ungern, aber mit Notwendigkeit, erwachte er zum klaren Bewußtsein der Wirklichkeit. Es war fünf Uhr. Unaufhaltsam, wenn auch allzu langsam, schritt der Nachmittag weiter vor; nun war es wohl das klügste, sich nach Hause zu begeben und eine Weile der Ruhe zu pflegen, soweit das möglich war. Er nahm die Pferdebahn, stieg vor der Kaserne aus, und ohne irgendwelche unwillkommene Begegnung gelangte er über den Hof zu seinem Quartier. Joseph war im Vorzimmer beschäftigt, die Garderobe des Herrn Leutnant in Ordnung zu bringen, meldete gehorsamst, daß sich nichts Neues ereignet habe, nur – der Herr von Bogner sei dagewesen, schon am Vormittag, und habe seine Visitenkarte dagelassen. »Was brauch' ich dem seine Karten«, sagte Willi unwirsch. Die Karte lag auf dem Tisch, Bogner hatte seine Privatadresse darauf geschrieben: Piaristengasse zwanzig. Gar nicht weit, dachte Willi. Was geht das mich übrigens an, ob er nah oder weit wohnt, der Narr. Wie ein Gläubiger lief er ihm nach – der zudringliche Kerl. Willi war nah daran, die Karte zu zerreißen, dann überlegte er sich's doch –, warf sie nachlässig auf die Kommode hin und wandte sich wieder an den Burschen: Am Abend zwischen sieben und acht würde jemand nach ihm, nach dem Herrn Leutnant Kasda fragen, ein Herr, vielleicht ein Herr mit einer Dame, möglicherweise auch eine Dame allein. »Verstanden?« – »Jawohl, Herr Leutnant.« Willi schloß die Türe hinter sich, streckte sich auf das Sofa hin, das etwas zu kurz war, so daß seine Füße über die niedere Lehne herabbaumelten, und sank in den Schlaf wie in einen Abgrund.

13

Es dämmerte schon, als er durch ein unbestimmtes Geräusch erwachte, die Augen aufschlug und eine junge Dame in einem blau-weiß getupften Sommerkleid vor sich stehen sah. Schlaftrunken noch erhob er sich, sah, daß mit einem etwas ängstlichen Blick, wie schuldbewußt, sein Bursche hinter der jungen Dame stand, und schon vernahm er Leopoldinens Stimme. »Verzeihen Sie, Herr Leutnant, daß ich Ihrem – Herrn Burschen nicht erlaubt habe, mich anzumelden, aber ich habe lieber gewartet, bis Sie von selbst aufwachen.«

Wie lang mag sie schon dastehen, dachte Willi, und was ist denn das für eine Stimme? Und wie sieht sie aus? Das ist doch eine ganz andere als die von Vormittag. Sicher hat sie das Geld mitgebracht. Er winkte dem Burschen ab, der gleich verschwand. Und zu Leopoldine gewendet: »Also, gnädige Frau, bemühen sich selbst – ich bin sehr glücklich. Bitte, gnädige Frau –« Und er lud sie ein, Platz zu nehmen.

Sie ließ einen hellen, beinahe fröhlichen Blick im Zimmer herumgehen und schien mit dem Raum durchaus einverstanden. In der Hand hielt sie einen weiß-blau gestreiften Schirm, der ihrem blauen, weiß getupften Foulardkleid vortrefflich angepaßt war. Sie trug einen Strohhut von nicht ganz moderner Fasson, breitrandig, nach Florentiner Art, mit herabhängenden, künstlichen Kirschen. »Sehr hübsch haben sie's hier, Herr Leutnant«, sagte sie, und die Kirschen schaukelten an ihrem Ohr hin und her. »Ich habe mir gar nicht vorgestellt, daß Zimmer in einer Kaserne so behaglich und nett ausschauen können.« – »Es sind nicht alle gleich«, bemerkte Willi mit einiger Genugtuung. Und sie ergänzte lächelnd: »Es wird wohl im allgemeinen auf den Bewohner ankommen.«

Willi, verlegen und froh erregt, rückte Bücher auf dem Tisch zurecht, schloß den schmalen Schrank ab, dessen Tür ein wenig geklafft hatte, und plötzlich bot er Leopoldine aus der im Hotel gekauften Schachtel eine Zigarette an. Sie lehnte ab, ließ sich aber leicht in die Ecke des Diwans sinken. Entzückend sieht sie aus, dachte Willi. Eigentlich wie eine Frau aus guten, bürgerlichen Kreisen. Sie erinnerte so wenig an die Geschäftsdame von heute vormittag als an den Wuschelkopf von einst. Wo mochte sie nur die elftausend Gulden haben? Als erriete sie seine Gedanken, sah sie lächelnd, spitzbübisch beinahe zu ihm auf und fragte dann scheinbar harmlos: »Wie leben Sie denn immer, Herr Leutnant?« Und da Willi mit der Antwort auf ihre doch gar zu allgemein gehaltene Frage zögerte, erkundigte sie sich im einzelnen, ob sein Dienst leicht oder schwer sei, ob er bald avancieren werde, wie er mit seinen Vorgesetzten stehe und ob er oft Ausflüge in die Umgebung unternehme, wie zum Beispiel am vorigen Sonntag. Willi entgegnete, mit dem Dienst sei es bald so, bald so, über seine Vorgesetzten habe er sich im allgemeinen nicht zu beklagen, insbesondere der Oberstleutnant Wositzky sei sehr nett zu ihm, ein Avancement sei vor drei Jahren nicht zu erwarten, zu Ausflügen habe er natürlich wenig Zeit, wie sich die gnädige Frau denken könne, nur eben an Sonntagen – wozu er einen leichten Seufzer vernehmen ließ. Leopoldine bemerkte darauf, den Blick freundlich zu ihm erhoben – denn er stand noch immer durch den Tisch von ihr getrennt ihr gegenüber –, sie hoffe, daß er seine Abende auch nützlicher zu verwenden wisse als am Kartentisch. Und nun hätte sie wohl ungezwungen anknüpfen können: Ja, richtig, Herr Leutnant, daß ich nicht vergesse, hier, die Kleinigkeit, um die Sie mich heute morgen angingen – – Aber kein Wort, keine Bewegung, die so zu deuten war. Sie sah immer nur lächelnd, wohlgefällig zu ihm auf, und ihm blieb nichts anderes übrig, als die Unterhaltung mit ihr weiterzuführen, so gut es ging. So erzählte er von der sympathischen Familie Keßner und der schönen Villa, in der sie wohnten, von dem dummen Schauspieler Elrief, von dem geschminkten Fräulein Rihoschek und von der nächtlichen Fiakerfahrt nach Wien. »In netter Gesellschaft, hoffentlich«, meinte sie. Oh, keineswegs, er sei mit einem seiner Spielpartner hereingefahren. Nun erkundigte sie sich scherzhaft, ob das Fräulein Keßner blond oder braun oder schwarz sei. Das wisse er selbst nicht genau, antwortete er. Und sein Ton verriet absichtsvoll, daß es in seinem Leben keinerlei Herzenssachen von irgendwelcher Bedeutung gäbe. »Ich glaube überhaupt, gnädige Frau, Sie stellen sich mein Leben ganz anders vor, als es ist.« Teilnahmvoll, die Lippen halb geöffnet, sah sie zu ihm auf. »Wenn man nicht so allein wär'«, fügte er hinzu, »könnten einem so fatale Dinge wohl nicht passieren.« Sie hatte einen unschuldig-fragenden Augenaufschlag, als verstünde sie nicht recht, dann nickte sie ernst, aber auch jetzt benützte sie die Gelegenheit nicht; und statt von dem Geld zu reden, das sie doch jedenfalls mitgebracht hatte, oder einfacher noch, ohne viel Worte, die Banknoten auf den Tisch zu legen, bemerkte sie: »Alleinsein und Alleinsein, das ist zweierlei.« – »Das stimmt«, sagte er. Und da sie darauf nur verständnisvoll nickte und es ihm immer nur banger wurde, wenn die Unterhaltung stockte, entschloß er sich zu der Frage, wie es ihr denn immer gegangen sei, ob sie viel Schönes erlebt habe; und er vermied es, des älteren Herrn Erwähnung zu tun, mit dem sie verheiratet und der sein Onkel war, ebenso wie er es unterließ, vom Hornig zu reden oder gar von einem gewissen Hotelzimmer mit schadhaften Jalousien und rotdurchschimmerten Kissen. Es war ein Gespräch zwischen einem nicht sonderlich gewandten Leutnant und einer hübschen jungen Frau der bürgerlichen Gesellschaft, die beide wohl allerlei voneinander wußten – recht verfängliche Dinge einer von dem anderen –, die aber beide ihre Gründe haben mochten, an diese Dinge lieber nicht zu rühren, und wäre es auch nur aus dem Grunde, um die Stimmung nicht zu gefährden, die nicht ohne Reiz, ja nicht ohne Verheißungen war. Leopoldine hatte ihren Florentiner Hut abgenommen und vor sich hin auf den Tisch gelegt. Sie trug wohl noch die glatte Frisur von heute morgen, aber seitlich hatten sich ein paar Locken gelöst und fielen geringelt über die Schläfe hin, was nun ganz von ferne den einstigen Wuschelkopf in Erinnerung brachte.

Es dunkelte immer tiefer. Willi überlegte eben, ob er die Lampe anzünden sollte, die in der Nische des weißen Kachelofens stand; in diesem Augenblick griff Leopoldine wieder nach ihrem Hut. Es sah zuerst aus, als hätte das weiter keine Bedeutung, denn sie war indes in die Erzählung von einem Ausflug geraten, der sie voriges Jahr über Mödling, Lilienfeld, Heiligenkreuz gerade nach Baden geführt hatte, aber plötzlich setzte sie den Florentiner Hut auf, steckte ihn fest, und mit einem höflichen Lächeln bemerkte sie, daß es nun an der Zeit für sie sei, sich zu empfehlen. Auch Willi lächelte; aber es war ein unsicheres, fast erschrockenes Lächeln, das um seine Lippen irrte. Hielt sie ihn zum besten? Oder wollte sie sich nur an seiner Unruhe, an seiner Angst weiden, um ihn endlich im letzten Augenblick mit der Kunde zu beglücken, daß sie das Geld mitgebracht habe? Oder war sie nur gekommen, um sich zu entschuldigen, daß es ihr nicht möglich gewesen war, den gewünschten Betrag für ihn flüssig zu machen? Und fand nur die rechten Worte nicht, ihm das zu sagen? Jedenfalls aber, das war unverkennbar, es war ihr ernst mit der Absicht zu gehen; und ihm in seiner Hilflosigkeit blieb nichts übrig, als Haltung zu bewahren, sich zu betragen wie ein galanter junger Mann, der den erfreulichen Besuch einer schönen, jungen Frau erhalten und sich unmöglich darein finden konnte, sie mitten in der besten Unterhaltung einfach gehen zu lassen. »Warum wollen Sie denn schon fort?« fragte er im Ton eines enttäuschten Liebhabers. Und dringender: »Sie werden doch nicht wirklich schon fortwollen, Leopoldine?« – »Es ist spät«, erwiderte sie. Und leicht scherzend fügte sie hinzu: »Du wirst wohl auch etwas Gescheiteres vorhaben an einem so schönen Sommerabend?«

Er atmete auf, da sie ihn nun plötzlich wieder mit dem vertrauten Du ansprach; und es war ihm schwer, eine neu aufsteigende Hoffnung nicht zu verraten. Nein, er habe nicht das Geringste vor, sagte er, und selten hatte er etwas mit gleich gutem Gewissen beteuern können. Sie zierte sich ein wenig, behielt den Hut vorerst noch auf dem Kopf, trat zu dem offenen Fenster hin und blickte wie mit plötzlich erwachtem Interesse in den Kasernenhof hinab. Dort gab es freilich nicht viel zu sehen: drüben vor der Kantine, um einen langen Tisch, saßen Soldaten; ein Offiziersbursche, ein verschnürtes Paket unter dem Arm, eilte quer durch den Hof, ein anderer schob ein Wägelchen mit einem Faß Bier der Kantine zu, zwei Offiziere spazierten plaudernd dem Tore zu. Willi stand neben Leopoldine, ein wenig hinter ihr, ihr blau-weiß getupftes Foulardkleid rauschte leise, ihr linker Arm hing schlaff herab, die Hand blieb erst unbeweglich, als die seine sie berührte; allmählich aber glitten ihre Finger leicht zwischen die seinen. Aus einem Mannschaftszimmer gegenüber, dessen Fenster weit offen standen, drangen melancholisch die Übungsläufe einer Trompete. Schweigen.

»Ein bißl traurig ist es da«, meinte Leopoldine endlich – »Findest du?« Und da sie nickte, sagte er: »Es müßte aber gar nicht traurig sein.« Sie wandte langsam den Kopf nach ihm um. Er hätte erwartet, ein Lächeln um ihre Lippen zu sehen, doch er gewahrte einen zarten, fast schwermütigen Zug. Plötzlich aber reckte sie sich und sagte: »Jetzt ist es aber wirklich höchste Zeit, meine Marie wird schon mit dem Nachtmahl warten.« – »Haben Gnädigste die Marie noch nie warten lassen?« Und da sie ihn darauf lächelnd ansah, wurde er kühner und fragte sie, ob sie ihm nicht die Freude bereiten und bei ihm zu Abend essen möchte. Er werde den Burschen hinüberschicken in den Riedhof, sie könne ganz leicht noch vor zehn zu Hause sein. Ihre Einwendungen klangen so wenig ernsthaft, daß Willi ohne weiteres ins Vorzimmer eilte, rasch seinem Burschen die zweckdienlichen Aufträge erteilte und gleich wieder bei Leopoldine war, die, noch immer am Fenster stehend, eben mit einem lebhaften Schwung den Florentiner Hut über den Tisch auf das Bett fliegen ließ. Und von diesem Augenblick an schien sie eine andere geworden. Sie strich Willi lachend über den glatten Scheitel, er faßte sie um die Mitte und zog sie neben sich auf das Sofa. Doch als er sie küssen wollte, wandte sie sich heftig ab, er unterließ weitere Versuche und stellte nun die Frage an sie, wie sie denn eigentlich ihre Abende zu verbringen pflege. Sie sah ihm ernsthaft ins Auge. »Ich hab' ja tagsüber so viel zu tun«, sagte sie, »und ich bin ganz froh, wenn ich am Abend meine Ruh' hab' und keinen Menschen seh'.« Er gestand ihr, daß er sich von ihren Geschäften eigentlich keinen rechten Begriff zu machen vermöge; und rätselhaft erschiene es ihm, daß sie überhaupt in diese Art von Existenz geraten sei. Sie wehrte ab. Von solchen Dingen verstünde er ja doch nichts. Er gab nicht gleich nach, sie solle ihm doch wenigstens etwas von ihrem Lebenslauf erzählen, nicht alles natürlich, das könne er nicht verlangen, aber er möchte doch gern so ungefähr wissen, was sie erlebt seit dem Tage, da – da sie einander zum letztenmal gesehen. Noch mancherlei wollte sich auf seine Lippen drängen, auch der Name seines Onkels, aber irgend etwas hielt ihn zurück, ihn auszusprechen. Und er fragte sie nur unvermittelt, fast überstürzt, ob sie glücklich sei.

Sie blickte vor sich hin. »Ich glaub' schon«, erwiderte sie dann leise. »Vor allem bin ich ein freier Mensch, das hab' ich mir immer am meisten gewünscht, bin von niemandem abhängig, wie – ein Mann.«

»Das ist aber Gott sei Dank das einzige«, sagte Willi, »was du von einem Mann an dir hast.« Er rückte näher an sie, wurde zärtlich. Sie ließ ihn gewähren, doch wie zerstreut. Und als draußen die Türe ging, rückte sie rasch von ihm fort, stand auf, nahm die Lampe aus der Ofennische und machte Licht. Joseph trat mit dem Essen ein. Leopoldine nahm in Augenschein, was er mitgebracht, nickte zustimmend. »Herr Leutnant müssen einige Erfahrung haben«, bemerkte sie lächelnd. Dann deckte sie gemeinsam mit Joseph den Tisch, gestattete nicht, daß Willi mit Hand anlegte; er blieb auf dem Sofa sitzen, »wie ein Pascha« bemerkte er, und rauchte eine Zigarette. Als alles in Ordnung war und das Vorgericht auf dem Tische stand, wurde Joseph für heute entlassen. Ehe er ging, drückte ihm Leopoldine ein so reichliches

Trinkgeld in die Hand, daß er vor Staunen fassungslos war und ehrerbietig salutierte wie vor einem General.

»Dein Wohl«, sagte Willi und stieß mit Leopoldine an. Beide leerten ihre Gläser, sie stellte das ihre klirrend hin und preßte ihre Lippen heftig an Willis Mund. Als er nun stürmischer wurde, schob sie ihn von sich fort, bemerkte: »Zuerst wird soupiert« und wechselte die Teller.

Sie aß, wie gesunde Geschöpfe zu essen pflegen, die ihr Tagewerk vollbracht haben und es sich nach getaner Arbeit gut schmecken lassen, aß, mit weißen kraftvollen Zähnen, dabei doch recht fein und manierlich, in der Art von Damen, die immerhin schon manchmal in vornehmen Restaurants mit feinen Herren soupiert haben. Die Weinflasche war bald geleert, und es traf sich gut, daß der Herr Leutnant sich rechtzeitig erinnerte, eine halbe Flasche französischen Kognak, weiß Gott von welcher Gelegenheit her, im Schrank stehen zu haben. Nach dem zweiten Glas schien Leopoldine ein wenig schläfrig zu werden. Sie lehnte sich in die Ecke des Diwans zurück, und als Willi sich über ihre Stirn beugte, ihre Augen, ihre Lippen, ihren Hals küßte, flüsterte sie hingegeben, schon wie aus einem Traum, seinen Namen.

14

Als Willi erwachte, dämmerte es, und kühle Morgenluft wehte durch das Fenster herein. Leopoldine aber stand mitten im Zimmer, völlig angekleidet, den Florentiner Hut auf der Frisur, den Schirm in der Hand. Herrgott, muß ich fest geschlafen haben, war Willis erster Gedanke, und sein zweiter: Wo ist das Geld? Da stand sie mit Hut und Schirm, offenbar bereit, in der nächsten Sekunde den Raum zu verlassen. Sie nickte dem Erwachenden einen Morgengruß zu. Da streckte er, wie sehnsüchtig, die Arme nach ihr aus. Sie trat näher, setzte sich zu ihm aufs Bett, mit freundlicher, aber ernster Stirn. Und als er die Arme um sie schlingen, sie an sich ziehen wollte, deutete sie auf ihren Hut, auf ihren Schirm, den sie, fast wie eine Waffe, in der Hand hielt, schüttelte den Kopf: »Keine Dummheiten mehr«, und versuchte, sich zu erheben. – Er ließ es nicht zu. »Du willst doch nicht gehen?« fragte er mit umflorter Stimme.

»Gewiß will ich«, sagte sie und strich ihm schwesterlich übers Haar. »Ein paar Stunden möchte ich mich ordentlich ausruhen, um neun habe ich eine wichtige Konferenz.«

Es ging ihm durch den Sinn, daß dies vielleicht eine Konferenz – wie das Wort klang! – in seiner Angelegenheit sein könne –, die Beratung mit dem Advokaten, zu der sie gestern offenbar keine Zeit mehr gefunden. Und in seiner Ungeduld fragte er sie geradezu: »Eine Besprechung mit deinem Anwalt?« – »Nein«, erwiderte sie unbefangen, »ich erwarte einen Geschäftsfreund aus Prag.« Sie beugte sich zu ihm herab, strich ihm den kleinen Schnurrbart von den Lippen zurück, küßte ihn flüchtig, flüsterte »Adieu« und erhob sich. In der nächsten Sekunde konnte sie bei der Tür draußen sein. Willi stand das Herz still. Sie wollte fort? So wollte sie fort?! Doch eine neue Hoffnung wachte in ihm auf. Vielleicht hatte sie, aus Diskretion gewissermaßen, das Geld unbemerkt irgendwohin gelegt. Ängstlich, unruhig irrte sein Blick im Zimmer hin und her – über den Tisch, zur Nische des Ofens. – Oder hatte sie es vielleicht, während er schlief, unter die Kissen verborgen? Unwillkürlich griff er hin. Nichts. Oder in sein Portemonnaie gesteckt, das neben seiner Taschenuhr lag? Wenn er nur nachsehen könnte! Und zugleich fühlte, wußte, sah er, wie sie immer seinem Blick, seinen Bewegungen gefolgt war, mit Spott, wenn nicht gar mit Schadenfreude. Den Bruchteil einer Sekunde nur traf sein Blick sich mit dem ihren. Er wandte den seinen ab wie ertappt – da war sie auch schon an der Tür und hatte die Klinke in der Hand. Er wollte ihren Namen rufen, seine Stimme versagte wie unter einem Alpdruck, wollte aus dem Bett springen, zu ihr hin stürzen, sie zurückhalten; ja, er fühlte sich bereit, ihr über die Treppe nachzulaufen, im Hemd – geradeso – er sah das Bild vor sich –, wie er in einem Provinzbordell vor vielen Jahren einmal eine Dirne einem Herrn hatte nachlaufen sehen, der ihr den Liebeslohn schuldig geblieben war...; sie aber, als hätte sie von seinen

Lippen ihren Namen vernommen, den er doch gar nicht ausgesprochen, ohne nur die Klinke aus der Hand zu lassen, griff mit der andern in den Ausschnitt ihres Kleides. »Bald hätt' ich vergessen«, sagte sie beiläufig, trat nun näher, ließ eine Banknote auf den Tisch gleiten –, »da« – und war schon wieder bei der Tür.

Willi, mit einem Ruck, saß auf dem Rand des Bettes und starrte auf die Banknote hin. Es war nur eine, ein Tausender; Banknoten von höherem Wert gab es nicht, so konnte es nur ein Tausender sein. »Leopoldine«, rief er mit einer fremden Stimme. Doch als sie sich daraufhin nach ihm umwandte, immer die Türklinke in der Hand, mit etwas verwundertem, eiskaltem Blick, überfiel ihn eine Scham, so tief, so peinigend, wie er sie niemals in seinem Leben verspürt hatte. Aber nun war es zu spät, er mußte weiter, wohin immer, in welche Schmach er noch geriete. Und unaufhaltsam stürzte es von seinem Lippen:

»Das ist ja zu wenig, Leopoldine, nicht um tausend, du hast mich gestern wahrscheinlich mißverstanden, um elftausend habe ich dich gebeten.« Und unwillkürlich unter ihrem immer eisigeren Blick zog er die Bettdecke über seine nackten Beine.

Sie sah ihn an, als verstünde sie nicht recht. Dann nickte sie ein paarmal, als werde ihr jetzt erst alles klar: »Ach so«, sagte sie, »du hast gedacht...« Und mit einer verächtlich-flüchtigen Kopfwendung zu der Banknote hin: »Darauf hat das keinen Bezug. Die tausend Gulden, die sind nicht geliehen, die gehören dir – für die vergangene Nacht.« Und zwischen ihren halb geöffneten Lippen, ihren blitzenden Zähnen spielte ihre feuchte Zunge hin und her.

Die Decke glitt von Willis Füßen. Aufrecht stand er da, das Blut stieg ihm brennend in Augen und Stirn. Unbewegt, wie neugierig, blickte sie ihn an. Und da er nicht vermochte, ein Wort herauszubringen – wie fragend: »Ist doch nicht zu wenig? Was hast du dir denn eigentlich vorgestellt? Tausend Gulden! – Von dir hab' ich damals nur zehn gekriegt, weißt noch?« Er machte ein paar Schritt auf sie zu. Leopoldine blieb ruhig in der

Türe stehen. Nun griff er mit einer plötzlichen Bewegung nach der Banknote, zerknitterte sie, seine Finger bebten, es war, als wollte er ihr das Geld vor die Füße werfen. Da ließ sie die Klinke los, trat ihm gegenüber, blieb Aug' in Aug' mit ihm stehen. »Das soll kein Vorwurf sein«, sagte sie. »Ich hab' ja auf mehr nicht Anspruch gehabt damals. Zehn Gulden – war ja genug, zu viel sogar.« Und das Auge noch tiefer in das seine: »Wenn man's genau nimmt, gerade um zehn Gulden zu viel.«

Er starrte sie an, senkte den Blick, begann zu verstehen. »Das hab' ich nicht wissen können«, kam es tonlos von seinen Lippen. – »Hätt'st schon«, entgegnete sie, »war nicht so schwer.«

Er hob langsam wieder den Blick; und nun, in der Tiefe ihrer Augen, gewahrte er einen seltsamen Schimmer: der gleiche kindlich-holde Schimmer war darin, der ihm auch in jener längst verflossenen Nacht aus ihren Augen erglänzt war. Und neu lebendig stieg Erinnerung in ihm auf – nicht an die Lust nur, die sie ihm gegeben, wie manche andere vor ihr, manche nach ihr – und an die schmeichelnden Koseworte, wie er sie von anderen auch gehört; – auch der wundersamen, niemals sonst erlebten Hingegebenheit erinnerte er sich nun, mit der sie die schmalen Kinderarme um seinen Hals geschlungen, und verklungene Worte tönten in ihm auf –, der Klang und die Worte selbst, wie er sie von keiner andern je vernommen hatte: »Laß mich nicht allein, ich hab' dich lieb.« All dies Vergessene, nun wußte er es wieder. Und geradeso, wie *sie* es heute getan – auch das wußte er nun –, unbekümmert, gedankenlos, während sie noch in süßer Ermattung zu schlummern schien, hatte *er* sich damals von ihrer Seite erhoben, nach flüchtiger Erwägung, ob es nicht auch mit einer kleineren Note getan wäre, nobel einen Zehnguldenschein auf das Nachttischchen hingelegt; – dann, in der Tür schon den schlaftrunkenen und doch bangen Blick der langsam Erwachenden auf sich fühlend, hatte er sich eilig davongemacht, um sich in der Kaserne noch für ein paar Stunden ins Bett zu strecken; und in der Frühe, vor Antritt des Dienstes noch, war das kleine Blumenmädel vom Hornig vergessen.

Indessen aber, während jene längst verflossene Nacht in ihm so unbegreiflich lebendig ward, erlosch allmählich der kindlichholde Schimmer in Leopoldinens Auge wieder. Kalt, grau, fern starrte es in das seine, und in dem Maße, da nun auch das Bild jener Nacht in ihm verblaßte, stieg Abwehr, Zorn, Erbitterung in ihm auf. Was fiel ihr ein? Was nahm sie sich heraus gegen ihn? Wie durfte sie sich anstellen, als glaubte sie wirklich, daß er für Geld sich ihr angeboten? Ihn behandeln wie einen Zuhälter, der sich seine Gunst bezahlen ließ? Und fügte solchem unerhörten Schimpf noch den frechsten Hohn hinzu, indem sie wie ein von den Liebeskünsten einer Dirne enttäuschter Lüstling einen Preis heruntersetzte, der ausbedungen war? Als zweifelte sie nur im geringsten daran, daß er auch die ganzen elftausend Gulden ihr vor die Füße geschmissen, wenn sie es gewagt hätte, sie ihm als Liebessold anzubieten?

Doch während das Schmähwort, das ihr gebührte, den Weg auf seine Lippen suchte, während er die Faust erhob, als wollte er sie auf die Elende herniedersausen lassen, zerfloß das Wort ihm ungesprochen auf der Zunge, und seine Hand sank langsam wieder herab. Denn plötzlich wußte er – und hatte er es nicht früher schon geahnt? –, daß er auch bereit gewesen war, sich zu verkaufen. Und nicht ihr allein, auch irgendeiner andern, jeder, die ihm die Summe geboten, die ihn retten konnte; – und so – in all dem grausamen und tückischen Unrecht, das ein böses Weib ihm zugefügt –, auf dem Grunde seiner Seele, so sehr er sich dagegen wehrte, begann er eine verborgene und doch unentrinnbare Gerechtigkeit zu verspüren, die sich über das trübselige Abenteuer hinaus, in das er verstrickt war, an sein tiefstes Wesen wandte.

Er blickte auf, er sah rings um sich, es war ihm, als erwache er aus einem wirren Traum. Leopoldine war fort. Er hatte die Lippen noch nicht aufgetan –, und sie war fort. Kaum faßte er, wie sie aus dem Zimmer so plötzlich – so unbemerkt hatte verschwinden können. Er fühlte die zerknitterte Banknote in der immer noch zusammengekrampften Hand, stürzte zum Fenster hin, riß es auf, als wollte er ihr den Tausender nachschleudern.

Dort ging sie. Er wollte rufen; doch sie war weit. Längs der Mauer ging sie hin in wiegendem, vergnügtem Schritt, den Schirm in der Hand, mit wippendem Florentiner Hut – ging hin, als käme sie aus irgendeiner Liebesnacht, wie sie wohl schon aus hundert anderen gekommen war. Sie war am Tor. Der Posten salutierte wie vor einer Respektsperson, und sie verschwand.

Willi schloß das Fenster und trat ins Zimmer zurück, sein Blick fiel auf das zerknüllte Bett, auf den Tisch mit den Resten des Mahls, den geleerten Gläsern und Flaschen. Unwillkürlich öffnete sich seine Hand, und die Banknote entsank ihr. Im Spiegel über der Kommode erblickte er sein Bild – mit wirrem Haar, dunklen Ringen unter den Augen; er schauderte, unsäglich widerte es ihn an, daß er noch im Hemde war; er griff nach dem Mantel, der am Haken hing, fuhr in die Ärmel, knöpfte zu, schlug den Kragen hoch. Ein paarmal, sinnlos, lief er in dem kleinen Raum auf und ab. Endlich, wie gebannt, blieb er vor der Kommode stehen. In der mittleren Lade, zwischen den Taschentüchern, er wußte es, lag der Revolver. Ja, nun war er soweit. Geradeso weit wie der andere, der es vielleicht schon überstanden hatte. Oder wartete er noch auf ein Wunder? Nun, immerhin, er, Willi, hatte das Seinige getan, und mehr als das. Und in diesem Augenblick war ihm wirklich, als hätte er sich nur um Bogners willen an den Spieltisch gesetzt, nur um Bogners willen so lange das Schicksal versucht, bis er selbst als Opfer gefallen war.

Auf dem Teller mit der angebrochenen Tortenschnitte lag die Banknote, so wie er sie vor einer Weile aus der Hand hatte sinken lassen, und sah nicht einmal mehr sonderlich zerknittert aus. Sie hatte begonnen, sich wieder aufzurollen; – es dauerte gewiß nicht mehr lange, so war sie glatt, völlig glatt wie irgendein anderes reinliches Papier, und niemand würde ihr mehr ansehen, daß sie eigentlich nichts Besseres war, als was man einen Schandlohn und ein Sündengeld zu nennen pflegt. Nun, wie immer, sie gehörte ihm, zu seiner Verlassenschaft sozusagen. Ein bitteres Lächeln spielte um seine Lippen. Er konnte sie vererben, wem er wollte; und wenn einer darauf Anspruch hatte. Bogner war es mehr als jeder andre. Unwillkürlich lachte er auf. Vortrefflich! Ja, das sollte noch besorgt werden, das in jedem Fall. Hoffentlich hatte Bogner nicht vorzeitig ein Ende gemacht. Für ihn war ja nun das Wunder da! Es kam nur darauf an, es abzuwarten.

Wo blieb nur der Joseph? Er wußte ja, daß heute Ausrückung war. Punkt drei hätte Willi bereit sein müssen, nun war es halb fünf. Das Regiment war jedenfalls längst fort. Er hatte nichts davon gehört, so tief war sein Schlaf gewesen. Er öffnete die Tür in den Vorraum. Da saß er ja, der Bursch, saß auf dem Stockerl neben dem kleinen, eisernen Ofen, und stellte sich stramm: »Melde gehorsamst, Herr Leutnant, ich habe Herrn Leutnant marod gemeldet.«

»Marod? Wer hat Ihnen das g'schafft... Ah so.« – Leopoldine –! Sie hätte auch gleich den Auftrag geben können, ihn tot zu melden, das wäre einfacher gewesen. – »Gut ist's. Machen S' mir einen Kaffee«, sagte er und schloß die Tür.

Wo war die Visitenkarte nur? Er suchte – er suchte in allen Laden, auf dem Fußboden, in allen Winkeln – suchte, als hinge sein eigenes Leben davon ab. Vergeblich. Er fand sie nicht. – So sollte es eben nicht sein. So hatte Bogner eben auch Unglück, so waren ihre Schicksale doch untrennbar miteinander verbunden. – Da plötzlich, in der Ofennische, sah er es weiß schimmern. Die Karte lag da, die Adresse stand darauf: Piaristengasse zwanzig. Ganz nah. – Und wenn's auch weiter gewesen wäre! – Er hatte also doch Glück, dieser Bogner. Wenn die Karte nun überhaupt nicht zu finden gewesen wäre –?!

Er nahm die Banknote, betrachtete sie lange, ohne sie eigentlich zu sehen, faltete sie, tat sie in ein weißes Blatt, überlegte zuerst, ob er ein paar erklärende Worte schreiben sollte, zuckte die Achseln: »Wozu?« und setzte nur die Adresse aufs Kuvert: Herr Oberleutnant Otto von Bogner. Oberleutnant – ja! – Er gab ihm die Charge wieder, aus eigener Machtvollkommenheit. Irgendwie blieb man doch immer Offizier – da mochte einer angestellt haben, was er wollte –, oder man w u r d e es doch wieder – wenn man seine Schulden bezahlt hatte.

Er rief den Burschen, gab ihm den Brief zur Bestellung. »Aber tummeln S' sich.«

»Is' eine Antwort, Herr Leutnant?«

»Nein. Sie geben's persönlich ab und – es ist keine Antwort. Und in keinem Fall wecken, wenn Sie zurückkommen. Schlafen lassen. Bis ich von selber aufwach'.«

»Zu Befehl, Herr Leutnant.« Er schlug die Hacken zusammen, machte kehrt und eilte davon. Auf der Stiege hörte er noch, wie der Schlüssel in der Tür hinter ihm sich drehte.

15

Drei Stunden später läutete es an der Gangtür. Joseph, der längst wieder zurückgekommen und eingenickt war, schrak auf und öffnete. Bogner stand da, dem er befehlsgemäß vor drei Stunden den Brief seines Herrn überbracht hatte.

»Ist der Herr Leutnant zu Hause?«

»Bitt' schön, der Herr Leutnant schlaft noch.«

Bogner sah auf die Tür. Gleich nach erfolgter Revision, in dem lebhaften Drang, seinem Retter unverzüglich zu danken, hatte er sich für eine Stunde freigemacht, und er legte Wert darauf, nicht länger auszubleiben. Ungeduldig ging er in dem kleinen Vorraum auf und ab. »Hat der Herr Leutnant keinen Dienst heute?«

»Der Herr Leutnant ist marod.«

Die Tür auf dem Gang stand noch offen, Regimentsarzt Tugut trat ein. »Wohnt hier der Herr Leutnant Kasda?«

»Jawohl, Herr Regimentsarzt.«

»Kann ich ihn sprechen?«

»Herr Regimentsarzt, melde gehorsamst, der Herr Leutnant ist marod. Jetzt schlaft er.«

»Melden S' mich bei ihm, Regimentsarzt Tugut.«

»Bitte gehorsamst, Herr Regimentsarzt, der Herr Leutnant hat befohlen, nicht zu wecken.«

»Es ist dringend. Wecken S' den Herrn Leutnant, auf meine Verantwortung.«

Während Joseph nach unmerklichem Zögern an die Tür pochte, warf Tugut einen mißtrauischen Blick auf den Zivilisten, der im Vorraum stand. Bogner stellte sich vor. Der Name des unter peinlichen Umständen verabschiedeten Offiziers war dem Regimentsarzt nicht unbekannt, doch tat er nichts dergleichen und nannte gleichfalls seinen Namen. Von Händedrücken wurde abgesehen.

Im Zimmer des Leutnants Kasda blieb es still. Joseph klopfte stärker, legte das Ohr an die Tür, zuckte die Achseln, und wie beruhigend sagte er: »Herr Leutnant schlaft immer sehr fest.«

Bogner und Tugut sahen einander an, und eine Schranke zwischen ihnen fiel. Dann trat der Regimentsarzt an die Tür und rief Kasdas Namen. Keine Antwort. »Sonderbar«, sagte Tugut mit gerunzelter Stirn, drückte die Klinke nieder – vergeblich.

Joseph stand blaß mit weitaufgerissenen Augen.

»Holen S' den Regimentsschlosser, aber g'schwind«, befahl Tugut.

»Zu Befehl, Herr Regimentsarzt.«

Bogner und Tugut waren allein.

»Unbegreiflich«, meinte Bogner.

»Sie sind informiert, Herr – von Bogner?« fragte Tugut.

»Von dem Spielverlust, meinen Herr Regimentsarzt?« Und auf Tuguts Nicken: »Allerdings.«

»Ich wollte sehen, wie die Angelegenheit steht«, begann Tugut zögernd. – »Ob es ihm gelungen ist, sich die Summe – wissen Sie etwa, Herr von Bogner –?«

»Mir ist nichts bekannt«, erwiderte Bogner.

Wieder trat Tugut an die Tür, rüttelte, rief Kasdas Namen. Keine Antwort.

Bogner, vom Fenster aus: »Dort kommt schon der Joseph mit dem Schlosser.«

»Sie waren sein Kamerad?« fragte Tugut.

Bogner, mit einem Zucken der Mundwinkel: »Ich bin schon der.«

Tugut nahm von der Bemerkung keine Notiz. »Es kommt ja vor, daß nach großen Aufregungen«, begann er wieder –, »es ist ja anzunehmen, daß er auch in der vergangenen Nacht nicht geschlafen hat.«

»Gestern vormittag«, bemerkte Bogner sachlich, »hatte er das Geld jedenfalls noch nicht beisammen.«

Tugut, als hielte er es für denkbar, daß Bogner vielleicht einen Teil der Summe mitbrächte, sah ihn fragend an, und wie zur Antwort sagte dieser: »Mir ist es leider nicht gelungen... den Betrag zu beschaffen.«

Joseph erschien, zugleich der Regimentsschlosser, ein wohlgenährter, rotbäckiger, ganz junger Mensch, in der Uniform des Regiments, mit den nötigen Werkzeugen. Noch einmal klopfte Tugut heftig an die Tür – ein letzter Versuch, sie standen alle ein paar Sekunden mit angehaltenem Atem, nichts rührte sich.

»Also«, wandte sich Tugut mit einer befehlenden Geste an den Schlosser, der sich sofort an seine Arbeit machte. Die Mühe war gering. Nach wenigen Sekunden sprang die Tür auf.

Der Leutnant Willi Kasda, im Mantel mit hochgestelltem Kragen, lehnte in der dem Fenster zugewandten Ecke des schwarzen Lederdiwans, die Lider halb geschlossen, den Kopf auf die Brust gesunken, schlaff hing der rechte Arm über die Lehne, der Revolver lag auf dem Fußboden, von der Schläfe über die Wange sickerte ein schmaler Streifen dunkelroten Bluts, der sich zwischen Hals und Kragen verlor. So gefaßt sie alle gewesen waren, es erschütterte sie sehr. Der Regimentsarzt als erster trat näher, griff nach dem herunterhängenden Arm, hob ihn in die Höhe, ließ ihn los, und sofort hing er wieder wie früher schlaff über die Lehne herab. Dann knöpfte Tugut zum Überfluß noch Kasdas Mantel auf, das zerknitterte Hemd darunter stand weit offen. Bogner bückte sich unwillkürlich, um den Revolver aufzuheben. »Halt!« rief Tugut, das Ohr an der nackten Brust des Toten. »Alles hat zu bleiben, wie es war.« Joseph und der Schlosser standen noch immer regungslos an der offenen Tür, der Schlosser zuckte die Achseln und warf einen verlegen-bangen Blick auf Joseph, als fühlte er sich mitverantwortlich für den Anblick, der sich hinter der von ihm aufgesprengten Tür geboten.

Schritte näherten sich von unten, langsam zuerst, dann immer rascher, bis sie stillestanden. Bogners Blick wandte sich unwillkürlich dem Ausgang zu. Ein alter Herr erschien in der angelehnten Tür in hellem, etwas abgetragenem Sommeranzug, mit der Miene eines vergrämten Schauspielers, und ließ das Auge unsicher in der Runde schweifen.

»Herr Wilram«, rief Bogner. »Sein Onkel«, flüsterte er dem Regimentsarzt zu, der sich eben von der Leiche erhob.

Aber Robert Wilram faßte nicht gleich, was geschehen war. Er sah seinen Neffen in der Diwanecke lehnen mit herabhängendem, schlaffem Arm, wollte auf ihn zu; – ihm ahnte wohl Schlimmes, das er doch nicht gleich glauben wollte. Der Regimentsarzt hielt ihn zurück, legte die Hand auf seinen Arm. »Es ist leider ein Unglück geschehen. Zu machen ist nichts mehr.« Und da der andre ihn wie verständnislos anstarrte: »Regimentsarzt Tugut ist mein Name. Der Tod muß schon vor ein paar Stunden eingetreten sein.«

Robert Wilram – und allen erschien die Bewegung höchst sonderbar – griff mit der Rechten in seine Brusttasche, hielt plötzlich ein Kuvert in der Hand und schwang es in der Luft. »Aber ich hab's ja mitgebracht, Willi!« rief er. Und als glaubte er wirklich, daß er ihn damit zum Leben erwecken könnte: »Da ist das Geld, Willi. Heut früh hat sie's mir gegeben. Die ganzen elftausend, Willi. Da sind sie!« Und wie beschwörend zu den andern: »Das ist doch der ganze Betrag, meine Herren. Elftausend Gulden!« – als müßten sie nun, da das Geld herbeigeschafft war, doch wenigstens einen Versuch machen, den Toten wieder zum Leben zu erwecken. »Leider zu spät«, sagte der Regimentsarzt. Er wandte sich an Bogner. »Ich gehe, die Meldung erstatten.« Dann im Kommandoton: »Die Leiche ist in der Stellung zu belassen, in der sie gefunden wurde.« Und endlich mit einem Blick auf den Burschen, streng: »Sie sind dafür verantwortlich, daß alles so bleibt.« Und ehe er ging, sich noch einmal umwendend, drückte er Bogner die Hand.

Bogner dachte: Woher hat er die tausend gehabt – für mich? Jetzt fiel sein Blick auf den vom Diwan weggerückten Tisch. Er sah die Teller, die Gläser, die geleerte Flasche. Zwei Gläser...?! Hat er sich ein Frauenzimmer mitgebracht für die letzte Nacht?

Joseph trat neben den Diwan an die Seite seines toten Herrn. Stramm stand er da wie ein Wachtposten. Trotzdem unternahm er nichts dagegen, als Robert Wilram plötzlich vor den Toten hintrat, mit aufgehobenen, wie flehenden Händen, in der einen immer noch das Kuvert mit dem Geld. »Willi!« Wie verzweifelt schüttelte er den Kopf. Dann sank er vor den Toten hin und war ihm nun so nahe, daß von der nackten Brust, dem zerknitterten Hemd ihm ein Parfüm entgegenwehte, das ihm seltsam bekannt vorkam. Er sog es ein, hob den Blick empor zum Antlitz des Toten, als wäre er versucht, eine Frage an ihn zu richten.

Aus dem Hof tönte der regelmäßige Marschtritt des zurückkehrenden Regiments. Bogner hatte den Wunsch, zu verschwinden, ehe, wie es wahrscheinlich war, frühere Kameraden das Zimmer beträten. Seine Anwesenheit war hier in jedem Fall überflüssig. Einen letzten Abschiedsblick sandte er dem Toten hin, der unbeweglich in der Ecke des Diwans lehnte, dann, von dem Schlosser gefolgt, eilte er die Treppe hinunter. Er wartete im Toreingang, bis das Regiment vorbei war, dann schlich er, an die Wand gedrückt, davon.

Robert Wilram, immer noch auf den Knien vor dem toten Neffen, ließ nun den Blick wieder im Zimmer umherschweifen. Jetzt erst gewahrte er den Tisch mit den Resten des Mahls, die Teller, die Flaschen, die Gläser. Auf dem Grund des einen schimmerte es noch goldgelb und feucht. Er fragte den Burschen: »Hat der Herr Leutnant denn gestern abend noch Besuch gehabt?«

Schritte auf der Treppe. Stimmengewirr; Robert Wilram erhob sich.

»Jawohl«, erwiderte Joseph, der immer noch stramm stand

wie ein Wachtposten, »bis spät in der Nacht – – ein Herr Kamerad.«

Und der sinnlose Gedanke, der dem Alten flüchtig durch den Kopf gefahren war, verwehte in nichts.

Die Stimmen, die Schritte kamen näher.

Joseph stand noch strammer als vorher. Die Kommission trat ein.

Ich

Novellette

Bis zu diesem Tage war er ein völlig normaler Mensch gewesen. Früh um sieben Uhr stand er auf, möglichst geräuschlos, um seine Frau nicht zu stören, die gern etwas länger schlief, trank eine Tasse Kaffee, küßte den achtjährigen Buben auf die Stirn, der in die Schule mußte, und bemerkte scherzhaft seufzend zu der sechsjährigen Marie: »Ja, nächstes Jahr kommst du auch dran.« Während er noch mit den Kleinen scherzte, pflegte seine Frau einzutreten, und es gab eine harmlose Unterhaltung, manchmal sogar recht vergnügt und immer ruhig, denn es war eine gute Ehe, ohne Mißverständnisse und ohne Unzufriedenheiten, sie hatten sich gegenseitig nichts vorzuwerfen. Um ein Uhr kam er aus dem Geschäft nach Hause, nicht einmal sonderlich müd, denn was er zu tun hatte, war weder sehr anstrengend noch sehr verantwortungsvoller Natur; er war Abteilungsvorstand, sogenannter Rayonchef in einem Warenhaus mäßigen Ranges in der Währingerstraße. Dann kam ein einfaches, wohlzubereitetes Mittagessen, die Kinder saßen dabei und waren brav und hübsch, der Bub erzählte von der Schule, die Mutter von einem Spaziergang mit der Kleinen, ehe sie den Großen von der Schule abgeholt, und der Vater berichtete allerlei von geringfügigen Erlebnissen, die sich im Warenhaus zugetragen, von neuen Créationen, Sendungen aus Brünn, erwähnte die besondere Trägheit des Chefs, der meist erst um zwölf im Geschäft erschien, [sprach] von irgendeiner komischen Erscheinung unter den Kunden, von einem eleganten Herrn, der weiß Gott durch welchen Zufall sich in das Vorstadtgeschäft verirrt, sich zuerst etwas hochnäsig benommen, dann aber von irgendeinem Krawattenmuster gerade zu entzückt gewesen, erzählte von Fräulein Elly, die wieder einmal einen neuen Verehrer hatte, aber ihn ging das eigentlich nichts an, sie war Verkäuferin in der Abteilung für Damenschuhe.

Dann legte er sich für ein halbes Stündchen hin, blickte flüchtig in eine Zeitung; um halb drei war er wieder im Geschäft, es gab viel zu tun, besonders zwischen vier und sechs, er konnte sich völlig den Kunden widmen, zu Hause ging ja alles den gewohnten Gang, die Frau ging mit den Kindern spazieren oder die verheiratete Schwägerin kam zu Besuch oder ihre Mutter; er traf sie manchmal noch zu Hause an.

Gegen acht aß man zu Abend; die Kinder waren schon früher zu Bett gebracht. An jedem zweiten Samstag erfolgte ein Theaterbesuch, dritte Galerie, dritte oder vierte Reihe, Operette zog er vor, aber zuweilen sah man sich auch ein ernstes Stück an, ein klassisches oder eine Gesellschaftskomödie, und den Beschluß solcher Abende machte ein bescheidenes Restaurant. Die Kinder waren indes in guter Obhut, Frau Wilheim, der kinderlosen Frau des Arztes vom ersten Stock, war es eine rechte Freude, so lange in der Wohnung bei den Kleinen zu wachen, bis die Eltern nach Hause kamen.

Auch an diesem Abend, dem Samstag vor Pfingsten, waren sie im Theater gewesen, das Ehepaar Huber hatte dann im Gasthaus genachtmahlt, und als sie zu Bette gingen, war der Ehegatte so gut aufgelegt gewesen, daß Anna bemerkte, ob er sie nicht vielleicht mit Frau Constantin verwechsle, die heute die Hauptrolle gespielt und ihm so besonders gut gefallen hatte.

Am nächsten Morgen begab er sich, wie es seine Sonntagsgewohnheit war, auf einen kleinen Ausflug, fuhr mit der Straßenbahn nach Sievering, wanderte auf den Dreimarkstein, wo er einem guten Bekannten begegnete, mit ihm stehenblieb und über das schöne Wetter plauderte, dann spazierte er allein hinab nach Neuwaldegg. Er überschritt eine kleine Brücke, wie er es schon hundert Mal vorher getan, die weite große Wiese mit prächtigen Baumgruppen lag vor ihm, die er weiß Gott wie oft gesehen, und sein Blick fiel von ungefähr auf eine roh hölzerne Tafel, die an einen Baum genagelt war und auf der mit großen schwarzen Buchstaben, wie von Kinderhand geschrieben, das Wort ›Park‹ zu lesen stand. Er erinnerte sich nicht, diese Tafel jemals früher gesehen zu haben. Sie fiel ihm auf, aber er dachte gleich: daß sie immer dagewesen war, man sah es ihr an, daß es eine ganz alte Tafel war. Ja natürlich, dies war ein Park, niemand konnte daran zweifeln, der Schwarzenbergpark war es, Privatbesitz des böhmischen Fürstengeschlechts, aber dem Publikum seit Jahrzehnten freigegeben. Doch da stand nicht Schwarzenbergpark oder Privatbesitz, sondern komischerweise einfach: Park. Man sah doch, daß es ein Park war, niemand konnte daran zweifeln. Er unterschied sich nicht sonderlich von der Umgebung, er war nicht abgeschlossen, es gab kein Entrée, er stand nicht unter besonderen Gesetzen, es war Wald und Wiese und Wege und Bänke, jedenfalls war es ziemlich überflüssig, daß da eine Tafel hing, auf der das Wort ›Park‹ geschrieben stand.

Immerhin mußte es seinen Grund haben. Vielleicht gab es Leute, die nicht so sicher waren, wie er, daß das ein Park war. Vielleicht hielten sie es für ganz gewöhnlichen Wald [an der] Wiese, wie den Wald und die Wiesen, von denen er eben herunterkam. Denen mußte man es freilich in Erinnerung bringen, daß dies ein Park war. Ein schöner Park übrigens, herrlich – vielleicht gab es Leute, die es für ein Paradies gehalten hätten, wenn die Tafel dort nicht gehangen wäre. Haha, ein Paradies. Und da hätte vielleicht einer sich danach benommen – seine Kleider abgeworfen und öffentliches Ärgernis erregt. Wie sollte ich [denn] wissen, sagte er auf der Polizei, daß es nur ein Park war und nicht das Paradies. Nun konnte das nicht mehr passieren. Es war höchst vernünftig gewesen, die Tafel dorthin zu hängen. Er begegnete einem Paar, einem nicht mehr sehr jungen, wohlbeleibten Paar, und er lachte so laut, daß sie erschraken und ihn groß ansahen.

Es war noch nicht spät, er setzte sich auf eine Bank. Ja, es war ganz sicher eine, obzwar nicht darauf geschrieben stand, daß es eine Bank war und der Teich drüben, der wohlbekannte, war ganz bestimmt ein Teich – oder ein Weiher – oder ein kleiner See oder ein Meer, ja, es kam nur darauf an, wie man ihn ansah, für eine Eintagsfliege war es wahrscheinlich ein Meer. Für solche Eintagsfliegen sollte man auch eine Tafel aufhängen: Teich. Aber für die Eintagsfliegen war es ja eben kein Teich, und nebstbei konnten sie nicht lesen. Nun, wer weiß, dachte er weiter, wir wissen verdammt wenig von den Eintagsfliegen. Da schwirrte eine um ihn. Mittag war es – die war just einen halben Tag alt, vielmehr fünfzig Jahre... im Verhältnis, denn am Abend war sie ja tot. Vielleicht feierte sie soeben ihren fünfzigsten Geburtstag. Und die andern kleinen Fliegen, die um sie schwirrten, die waren Gratulanten. Ein Geburtstagsfest, dem er beiwohnte. Es war ihm, als säße er sehr lange da und er blickte auf die Uhr. Er war nur drei Minuten da gesessen, ja, dies war bestimmt eine Uhr, wenn auch auf dem Deckel nicht eingegraben stand, daß sie eine war. Aber es konnte ja auch sein, daß er träumte. Dann war das keine Uhr, dann lag er im Bett und schlief und auch die Eintagsfliege war nur ein Traum.

Zwei junge Burschen gingen vorüber. Lachten sie über ihn? Über seine dummen Einfälle? Aber die wußten ja nichts davon. So sicher war das freilich nicht. Es gab ja Gedankenleser. Sehr möglich, daß dieser Junge mit der Hornbrille ganz genau wußte, was in ihm vorging und darüber lachte. Die Frage war nur, ob er Grund dazu hatte, dieser Jüngling mit der Hornbrille? Denn es wäre ja möglich, daß dies Ganze wirklich ein Traum war, dann träumte er auch das Lachen dieses Andern.

Mit einem plötzlichen Entschluß trat er sich selbst mit einem Fuß auf den andern, und zum Überfluß faßte er sich an der Nase. Er spürte alles ganz genau. Und das wollte er als Beweis für sein Wachsein gelten lassen. Kein sehr zwingender freilich, denn am Ende konnte er auch den Fußtritt und den Griff an die Nase träumen. Aber er wollte sich für diesmal zufrieden geben.

Er machte sich auf den Heimweg, um eins erwartete ihn das Mittagessen. Er fühlte sich sonderbar leicht, er lief geradezu, er schwebte, nicht nur figürlich. Es kam immer ein Bruchteil einer Sekunde, in der keiner seiner Füße den Boden berührte.

Er nahm die Straßenbahn. Die flog noch rascher als er; geheimnisvoll diese elektrische Kraft. Es war halb zwei. Nun feierte die Eintagsfliege ihren fünfundfünfzigsten Geburtstag. Die Häuser rasten an ihm vorbei. So, nun mußte er umsteigen. Er wußte genau, daß er hier umsteigen mußte. Sonderbar, das alles zu wissen. Wie wenn er vergessen hätte, daß er in der Andreasgasse wohnte? Andreasgasse vierzehn, zweiter Stock, Tür zwölf. Bestimmt. Was alles in einem Gehirne Raum hat. Er wußte auch, daß er morgen acht Uhr früh im Geschäfte sein wollte. Er sah es vor sich, er sah die Krawatten, sah jedes Muster. Hier war die blau-rotgestreifte, hier die gesprenkelte, hier die mit dem gelblichen Ton. Er sah sie alle, und er sah auch die Aufschrift über dem Fach, da stand: Halsbinden, obwohl doch jeder wußte, daß es Halsbinden waren. Ganz klug, daß dort an einem Baum die Tafel ›Park‹ hing. Nicht alle Menschen waren so geistesgegenwärtig und scharfsinnig wie er, daß sie ohne weiteres wußten, dies ist ein Park, und dies ist eine Halsbinde.

Er stand vor seiner Wohnungstür. Er hatte weder bemerkt, daß er die Straßenbahn verlassen, noch daß er durch seine Gasse gegangen, noch daß er durch das Haustor getreten, noch daß er die Treppe hinaufgegangen war. Möglich, daß er heraufgeflogen war. Man setzte sich zu Tisch. Dies war der Suppentopf, dies waren die Suppenteller, Löffel, Gabel, Messer. Er wußte es von allen ganz genau. Für ihn mußte man keine Bezeichnungen hinschreiben. Er betrachtete alle Gegenstände sehr sorgfältig. Es stimmte. Und er erzählte von der Eintagsfliege, die eben ihren Geburtstag feierte. Sie hatte große Assemblé. Das Wort flatterte durch die Luft. Niemals in seinem Leben hatte er dieses Wort ausgesprochen. Wo kam es her? Wo ging es wieder hin?

Nachmittags konnte er nicht schlafen. Er lag auf dem Diwan im Speisezimmer, niemand war bei ihm. Er nahm sein Notizbuch. Es war bestimmt sein Notizbuch und weder seine Brief- noch seine Zigarrentasche, und schrieb auf ein Blatt ›Kredenz‹, auf ein anderes ›Schrank‹, auf ein anderes ›Bett‹, auf ein anderes ›Sessel‹. Das mußte er einige Male schreiben. Dann befestigte er diese Blätter an die Kredenz, an den Schrank, schlich sich ins Schlafzimmer, wo seine Frau ihren Nachmittagsschlummer hielt, und mit einer Stecknadel befestigte er das Blättchen ›Bett‹. Er ging weg, ehe sie aus dem Mittagsschlaf erwacht war. Dann begab er sich in das Kaffeehaus und las Zeitung, vielmehr, er versuchte es nur. All das Gedruckte, das er vor sich sah, erschien ihm verwirrend und beruhigend zugleich. Hier standen Namen, Bezeichnungen, über die ein Zweifel nicht bestehen konnte. Aber die Dinge, auf die sich diese Namen bezogen, waren weit. Es war ganz sonderbar zu denken, daß eine Beziehung existierte zwischen irgendeinem Wort, das da gedruckt war, z. B.: Theater in der Josefstadt, und dem Haus, das ganz woanders in einer anderen Straße stand. Er las die Namen der Darsteller. Zum Beispiel Dubonet, Advokat – Herr Mayer. Diesen Herrn Dubonet, das war das Allerseltsamste, den gab es gar nicht. Den hatte irgendwer erfunden, aber hier stand sein Name gedruckt. Der Herr Mayer aber, der den Dubonet spielte, der existierte wirklich. Es konnte sein, daß er diesem Herrn Mayer schon oft auf der Straße begegnet war, ohne nur zu ahnen, daß es gerade Herr Mayer war. Er trug ja keine Aufschrift, wenn er auf der Straße spazierenging. Und täglich begegnete er so Hunderten Menschen, von denen er nicht im entferntesten ahnte, woher sie kamen, wohin sie gingen, wie sie hießen, es konnte sein, daß einer von ihnen, kaum um die Ecke, vom Schlag getroffen tot zusammenstürzte. Am nächsten Tag stand es wohl auch in der Zeitung, daß Herr Müller, oder wie er hieß, tot zusammengestürzt sei; er aber, Herr Huber, würde keine Ahnung haben, daß er ihm noch fünf Minuten vor seinem Tode begegnet war. Erdbeben in San Franzisko. Das steht auch hier in der Zeitung. Aber außer diesem Erdbeben, das hier in der Zeitung stand, gab es doch noch ein ganz anderes, das wirkliche. Dann fiel sein Blick auf Inserate, Ankündigungen. Es gab Geschäfte, die ihm bekannt waren. Bei diesem oder jenem Inserat stieg zu gleicher Zeit ein Gebäude vor ihm auf, in dem er jenes Geschäft wußte oder vermutete. Andere aber blieben tot. Er sah nichts als die gedruckten Buchstaben.

Er blickte auf. In der Kassa saß das Fräulein Magdalene. Ja, so hieß sie. Es war ein etwas außergewöhnlicher Name für eine Kaffeehauskassierin. Er hörte nur immer den Namen von den Kellnern ausgesprochen. Er selbst hatte nie das Wort an sie gerichtet. Da saß sie, etwas dick, nicht mehr ganz jung, immerfort beschäftigt. Niemals hatte er sich um sie im geringsten gekümmert. Jetzt plötzlich, nur weil er sie zufällig angesehen, trat sie aus all den andern hervor. Das Kaffeehaus war ziemlich gefüllt, mindestens sechzig, achtzig, vielleicht hundert Menschen waren da. Höchstens von zweien oder dreien kannte er den Namen. Unbegreiflich, daß diese gleichgültige Kassierin plötzlich die wichtigste Person war. Einfach dadurch, daß er sie ansah. Von allen andern wußte er gar nichts, alle waren sie Schatten. Auch seine Frau, seine Kinder, alle waren sie geradezu nichts im Verhältnis zu Fräulein Magdalene. Die Frage war jetzt nur, was für einen Zettel man ihr ankleben sollte. Magdalene? Fräulein Magdalene? Oder Sitzkassierin? Jedenfalls war es unmöglich, dieses Kaffee zu verlassen, ehe er sie richtig bezeichnet. Es war beruhigend zu wissen, daß draußen auf einer Tafel das Wort ›Park‹ geschrieben stand. Die ganze Landschaft, durch die er heute gewandert, verschwand wie hinter einem Vorhang. Sie existierte nicht mehr. Er atmete auf, wenn er an die hölzerne Tafel dachte. ›Park‹.

Indes hatte er seinen schwarzen Kaffee ausgetrunken, der Kellner räumte die Tasse mit Schale und Glas fort, die weiße Marmorplatte lag nackt vor ihm. Unwillkürlich nahm er seinen Bleistift und schrieb mit großen Buchstaben auf die Platte: ›Tisch‹. Auch das erleichterte ihn ein wenig. Aber wie viel gab es noch zu tun?

Als er wieder heimkam, waren alle Zettel entfernt, die er an die verschiedenen Gerätschaften befestigt hatte. Seine Frau fragte ihn, was ihm denn eigentlich eingefallen sei. Er fühlte, daß er sie vorläufig nicht einweihen durfte, und sagte, es sei ein Scherz gewesen. Immerhin, es sei doch ein nützlicher Scherz, nicht wahr? Man sollte die Kleinen rechtzeitig daran gewöhnen, von allen Dingen und Menschen auch zu wissen, wie sie heißen. Welche ungeheure Verwirrung war in der Welt. Niemand kennt sich aus.

Nachmittag kam die Schwiegermutter mit der verheirateten Schwägerin zu Besuch. Während sie drin ihren Kaffee trinken mit Marie (seiner Frau), benützt er die Gelegenheit, schreibt Zettel, ›Schwiegermutter‹, ›Schwägerin‹ und heftet sie an die Mäntel. Die merkten es nicht, als sie fortgingen.

Am nächsten Morgen versieht er die Kleidungsstücke von Sohn und Tochter, ehe sie in die Schule gehen, mit Zetteln.

Im Geschäft läßt er sich beim Chef melden, macht ihm Vorschläge: überall soll man Zettel hinspendeln, auch auf die Krawatten zum Beispiel, sogar die Farben muß man bezeichnen. Graue Krawatte, rote, es gibt ja Farbenblinde. Er besteht auch darauf, daß die einzelnen Verkäuferinnen betitelt werden.

Er kommt nach Hause, ist empört, daß alle Zettel wieder entfernt sind. Die Kinder kommen aus der Schule, er ist beruhigt, da er die Zettel, die aus irgendeinem Grunde nicht entfernt wurden, vorfindet.

Indessen hat die Frau den Arzt verständigt. Wie der hereintritt, tritt ihm der Kranke entgegen mit einem Zettel auf der Brust, auf dem mit großen Buchstaben steht: ›Ich‹. –

Abenteurernovelle

[Fragment]

Daß Anselmo am gleichen Tage Vater und Mutter verlor, bedeutete ein Schicksal, das zu diesen Zeiten manchem Jüngling beschieden war, dem jungen Rigardi wohl nicht einmal als dem einzigen in Bergamo, wo in den ersten Tagen des Jahres 1520 plötzlich die Pest ausgebrochen war, die wunderbarerweise bis dahin gerade diese kleine Stadt verschont hatte, und nun mehr als drei Viertel der Bevölkerung vernichtete. Ganze Familien waren ausgestorben, die meisten Häuser standen leer, Ärzte und Apotheker waren, wie es so oft geschah, gleich im Beginn dahingerafft worden. Die Familie Rigardi war zuerst verschont geblieben, obwohl das alte, ziemlich verfallene Haus mitten in der Stadt und nicht im gesündesten Teile stand, und schon hatten der Baron, seine Frau und Anselmo sich gefeit geglaubt, als das Übel ganz unvermutet, während sich die Überlebenden schon zu neuer Arbeit und neuer Freude rüsteten, das Ehepaar Rigardi überfiel und Anselmo, der abends vorher noch mit ihnen an der Tafel gesessen, am nächsten Morgen allein an der leeren Lagerstatt seiner Eltern stand. Die Magd und der Diener waren in Angst entflohen. Die Toten selbst waren nach der strengen Verordnung von den dazu beamteten unverzüglich fortgeschafft worden, feierliche Leichenbegräbnisse, ja geordnete Begräbnisse gab es längst nicht mehr, und wer in diesen Pestzeiten verschieden war, dessen Ruhestatt suchte man später vergebens.

Zugleich mit seiner Einsamkeit und seinem Grauen aber fühlte Anselmo, als das Tor hinter den Särgen zugefallen war, noch ein Drittes, ihm gerade so ungewohnt wie die Einsamkeit und das Grauen und auch wie der Schmerz, der ihm übrigens noch kaum zum Bewußtsein gekommen war. Dieses Dritte war ein Gefühl von Freiheit, das er bisher nicht gekannt hatte. Mit einem Male war er plötzlich keinem Menschen, weder Vater noch Mutter, Rechenschaft schuldig. Er hätte den Abend, die

Nacht hinbringen dürfen, wo und wie es ihm beliebte, und des Morgens hätte ihn niemand gefragt, woher er käme. Doch war diesem Bewußtsein einer plötzlich gewonnenen Freiheit kaum noch das aufatmende Gefühl der Befreiung beigemischt, denn er war seiner Unselbständigkeit, seiner Gebundenheit noch nicht recht bewußt. Er war streng, aber eigentlich ohne Härte gehalten worden.

Die Rigardi waren ein uraltes Geschlecht von Baronen, aber der einstige Reichtum – fast ein Viertteil der Stadt war in ihrem Besitz gewesen, Häuser und Grund, auch Ländereien außerhalb der Gemarken – war allmählich zunichte geworden. Die Ahnen hatten an Kriegsunternehmungen teilgenommen, von denen sie im Siegesfalle wenig Nutzen gezogen, doch wenn sie der unterliegenden Partei angehörten, hatten sie immer aus eigener Kasse zusetzen müssen. Dazu kam, daß seit zwei Jahrhunderten kein Rigardi vermocht hatte, durch eine günstige Heirat, wie es vielen ihrer Standesgenossen geglückt war, seine Verhältnisse zu verbessern; und der Großvater hatte im Würfelspiel so viel verloren, daß Anselmos Vater, ein ernster und redlicher Mann, sein ganzes Leben lang an den Schulden der Familie abzuzahlen hatte. Und so war ihm außer einer verpachteten Landwirtschaft, die allerlei Nahrhaftes für den Hausstand lieferte, nichts verblieben als das Stammhaus, der Palazzo Rigardi, das freilich nicht mehr viel von einem Palast an sich hatte, nichts als den düsteren Bau der gewaltigen Quadern, die auch der Ewigkeit widerstanden hätten, das eiserne Tor, an dem vor hundertfünfzig Jahren der Ansturm der Veroneser Lanzenreiter zerschellt war und die hochgewölbte Halle mit den Reliefs des Bildhauers Giuliani, in der freilich längst keine Feste mehr stattfanden und in der es keinen anderen Lärm mehr gab als das Klingen und Klirren der Degen, wenn Anselmo mit seinem Fechtmeister übte, dem altberühmten Raboldi aus Neapel, nach dem ein gewisser unwiderstehlicher Primhieb jahrzehntelang den Namen beibehielt. Aber auch der hatte in den letzten Jahren für Anselmo keinen Schrecken mehr. Denn er selber war in der Fechtkunst sehr geschickt, ja im letzten Jahr beinahe ein Meister geworden, und es wunderte die paar jungen Herren von Bergamo, mit denen er, zum fast einzigen geselligen Vergnügen, unter Raboldis Leitung ein- oder zweimal im Monat kleine Turniere ausfocht, daß er bei alledem keine eigentlich kriegerischen Neigungen zeigte, sondern seine Fertigkeit nur um der Kunst willen auszuüben schien. Manche meinten, Raboldi auch, daß er schon um dieser in jenen Zeiten besonders gerühmten Gabe willen sicher seinen Weg machen müßte, wenn er sich auf Reisen begäbe und, was ihm mit seinem Namen nicht schwerfallen sollte, Zutritt an den Hof eines Fürsten oder Kardinals fände, deren es in diesem zerrissenen Land viele gab. Aber um Anselmo auszustatten, wie es für eine solche Unternehmung wenigstens nach des alten Rigardi Meinung, nötig gewesen wäre, waren nicht genügend Mittel vorhanden, und gerade in diesem letzten Jahr vor Ausbruch der Pest war vielmehr die Rede davon gewesen, daß Anselmo, der überdies, wenn nicht eben mit Begeisterung, doch mit leidlichem Fleiß unter der Führung seines Vaters sich im Lateinischen und in der Mathematik einigermaßen ausgebildet hatte, die Universität Padua beziehen sollte, um sich dort entweder dem Studium der Rechtsgelehrsamkeit oder der Heilkunde zu widmen. Mit dem rechten Ernste war dies alles freilich noch von keiner Seite erwogen worden. Keineswegs hätte Anselmo einer entschiedenen Mahnung sich widersetzt, denn er hatte noch nie Gelegenheit gehabt, auf einer eigenen Meinung zu bestehen. Auch schien es ihm und den wenigen Freunden des Hauses, daß weder Vater noch Mutter ihn leichten Herzens hätten fortziehen lassen, um so weniger, als seine einzige Schwester, ein blühendes Mädchen von fünfzehn, gerade im letzten Sommer, vor Ausbruch der Pest, als hätte sie sich vor der furchtbaren Seuche in einen schöneren Tod geflüchtet, bei einer Kahnfahrt im See von Iseo ertrunken war, zusammen mit den Geschwistern Decarli, Florio und Maria. Anselmo wußte nicht, um wen von den Dreien er am meisten trauerte, um seine Schwester, um Florio, seinen besten Freund, oder um Maria, das einzige junge Mädchen bisher, das zärtliche Gefühle in ihm erregt hatte. Die Liebe zu ihr hatte ihn bis dahin vor jeder Verführung bewahrt, die dem Achtzehnjährigen in mancherlei anmutiger oder bedenklicher Gestalt genaht war. Und als bald nach dem Tod der drei blühenden jungen Menschen das Grauen über die Stadt hereingebrochen war, ergaben nur die sich dem Genuß, denen er schon früher vertraut gewesen und nun Rettung vor Angst und Grauen bedeutete. Oft geschah es dann, daß ein Mann in den Armen seiner Geliebten, eine Frau in den Armen ihres Geliebten erkrankte, und es dauerte selten eine Nacht und einen Tag, daß eines dem andern in den Tod folgte.

So jagten Bilder, Gedanken, Erinnerungen ungeordnet durch Anselmos Hirn, während er in der dunkelnden Halle ruhelos auf und ab ging. Keiner von den Freunden – es lebten nicht viele mehr – hatte sich, seit gegen Mittag die Leichen der Eltern fortgeschafft worden waren, in dem verpesteten Haus gezeigt, kein Diener hatte die Fackeln entzündet, die gestern um die gleiche Zeit noch den Raum erleuchtet, unbestimmt schimmerten von den Wänden her die Figuren des Giuliani – schäumende Pferde, trunkene Greise, bekränzte Weiber - bewegten sich, schienen selbst auf der Flucht, und die breite Treppe, die zu dem oberen Stockwerk führte und über die vor kurzem die schwarzen Bahren mit den verhüllten Leichen, von vermummten Trägern gestützt, geschwankt hatten, verlor sich nach oben, gleichsam in Nacht. Niemand auch hatte ihm ein Mahl zugerichtet, niemand die Schlafstatt bereitet, sinnlos unaufhörlich irrte er, den Wänden entlang, in der Halle umher, die, sich bald verengend, bald verbreiternd, bald ein Gefängnis, bald die Unendlichkeit selber schien.

Und plötzlich wußte Anselmo, daß er hier nichts anderes mehr zu erwarten hatte als den Tod. Was sollte er tun? Sollte er aus der Speisekammer sich Brot und Früchte holen, denen wohl das Pestgift anhaftete? Die Lippen letzen mit einem verpesteten Trunk an dem Brunnen? Sollte er hinauf in sein Gemach, das er seit den ersten Morgenstunden nicht mehr betreten, da die Todesschreie der Eltern ihn an ihr Lager gerufen? Sollte er sich auf sein Bett strecken, auf den Ausbruch der Krankheit warten bis zum eigenen Todesschrei, den niemand hören würde? Oder sollte er sich ans Fenster stellen und nach Menschen rufen? Was konnten sie ihm helfen? Dieses Haus, in dem er jetzt weilte, war das einzige noch verseuchte in Bergamo, es würde keiner wagen einen Fuß hineinzusetzen. Sonst wäre doch wenigstens einer schon gekommen. Nein, sie dachten wohl zu warten, bis auch ihn das Schicksal ereilt hatte, bis ihn die vermummten Träger hinausgeschleppt hätten, dann würde man kommen, um den Palazzo Rigardi auszuräuchern oder gar zu plündern.

So blieb ihm nur eines: zu fliehen. Und kaum hatte er diesen Entschluß gefaßt, schien auch schon die Gefahr geringer, die hier aus allen Ecken entgegendrohte. Mit einem Male erschien er sich gefeit.

Er entzündete ein Licht, begab sich in die Speisekammer, holte allerlei zum Essen, Backwerk, Früchte, auch ein gebratenes Huhn, das von dem gestrigen Nachtmahl noch übrig geblieben war, holte aus dem Keller eine Flasche roten Weins, entzündete die Fackeln in der Halle, ängstigte sich auch vor den irrenden Schatten nicht mehr, die über den Boden flatterten, rückte den Tisch aus der Ecke, an dem er noch gestern abend mit den Eltern gespeist, und ließ es sich vortrefflich schmecken. Und wunderbarerweise ward ihm so behaglich zu Mut, als hätte er seit gestern, seit heute nacht nicht all das Furchtbare erlebt, ja, er ward seiner Einsamkeit, seiner Ungestörtheit unbegreiflich froh. Daß er gänzlich allein war, völlig auf sich angewiesen, niemandem Gehorsam schuldig, gab ihm allmählich ein Gefühl des Stolzes, das er bisher nicht gekannt. Er war nicht mehr Anselmo Rigardi, der Sohn seiner Eltern, nicht ein junger Herr aus heruntergekommenem Hause, nicht einer, der sich, was immer er wollte oder tat, vor allem zu beraten, Rede und Antwort zu stehen hatte, nichts zwang ihn auf die Universität nach Padua zu gehen und dort zu studieren, er war der Jüngling Anselmo, durfte die Schritte lenken, wohin er wollte, und die Welt gehörte ihm.

Wie nun der Wein, von dem er mehr getrunken als je, durch seine Adern rollte, schwand auch die Angst vor Schlafzimmer und Bett. Er begab sich in das kleine Turmgemach, wo er von

Kind auf hauste, entkleidete sich, streckte sich aufs Lager hin. In seinen ersten Schlummer drang von der Straße her Lachen und Singen junger Menschen, ja, ihm war, als erkennte er manche Stimme, als hörte er das Lachen einer ganz bestimmten Frau, die in den letzten Tagen versucht hatte, ihn Maria vergessen zu machen. Auch sie hatte sich heute nicht in das Haus gewagt, und wäre er schon tot gewesen, sie hätte sich kaum darum gekümmert. Er hatte mit ihr, mit all den anderen Freunden und Freundinnen nichts zu schaffen, er dachte an die vielen, die die Pest vernichtet hatte, an die wenigen, die noch lebten, und bei manchen erinnerte er sich kaum, ob sie zu den Lebenden oder Toten gehörten.

Als er die Augen aufschlug, graute die erste Frühe durch das hohe schmale Turmfenster. Traumlos war sein Schlaf gewesen, niemals war er zu einem so klaren Tage erwacht. Er mußte sich nicht, wie es in solchen Morgenstunden nach ungeheuren Erlebnissen des vergangenen Tags der Fall zu sein pflegt, erst allmählich besinnen, er wußte gleich: Vater und Mutter waren tot, und es war, als hätte er auch schon den Schmerz um sie hinter sich gelassen, als hätte diese Nacht gewaltig in der Tiefe strömend auch die Eltern gleich zu den andern früher Verstorbenen hingerissen. Er erhob sich, über die hallende Treppe durch die noch immer dämmernde Halle lief er auf den Hof und wusch sich unter dem grauenden Himmel am Brunnen. Er zog sein bestes Linnen und sein bestes Gewand an, packte nur wenige Kleidungsstücke in sein Ränzel, aus einem Schrank, wo der Vater sein Geld verwahrte, nahm er, was sich an Goldstücken und Nickelmünzen noch vorfand, gürtete seinen Degen um und als einer, der sich anschickt eine Stätte des Grauens und des Fluchs auf immer zu verlassen, trat er auf die Straße. Beide Flügel des Tors ließ er offen stehen. Mochten sie mit dem Palazzo Rigardi machen, was sie wollten.

Noch war die Straße leer, seine Schritte klirrten über die Steine. An der nächsten Ecke, aus einer Seitengasse, trat ihm ein Paar entgegen, einer seiner Freunde mit einer jungen Person, die verschleiert war, sie starrten ihn an, unwillkürlich wollte er ihnen beiden die Hand zum Gruße reichen, sie aber, wie vor einem Gespenst, wandten sich, liefen davon und nicht einmal sein höhnisches Lachen ließ sie den Blick nach ihm zurückwenden.

In diesem Augenblick ward er sich völlig bewußt, daß er ein seltenes Schicksal trug und zu einem seltenen bestimmt war, und sein Lachen, ihm selbst unbegreiflich, wandelte sich in ein helles Jauchzen. Nicht wie ein Gezeichneter, nicht wie ein Flüchtling – als ein Jüngling, der über seinem Haupt den Segen der freien Wanderschaft fühlte, schritt er aus, dem östlichen Stadttor zu, an dem kein Wächter saß, und weiter auf die Landstraße hin zwischen ins Blaue gestreckten hohen Pappeln, den Blick der Sonne entgegen, so lang, bis sie aus der matten roten Scheibe zu goldenem Glanz erglühend ihn zwang fortzuschauen. An Ackerfeldern, Olivenpflanzungen, Weinhügeln, an kleinen Bächen, Brunnen, Wiesen schritt er vorbei, begegnete Landleuten, die zur Arbeit gingen, Karren, die Milch, Butter, Obst, Gemüse zur Stadt brachten, manchen ging der Fuhrmann zur Seite, bei anderen saß er auf schmalem Brett, auf gefüllten Säcken, einer gar auf einem Faß. Später begegnete er zwei jungen Bauernmädchen, die ihn scheu, fast erschreckt anstaunten in seiner sonderbaren Tracht, in der er halb wie ein junger Ritter aussah, und halb wie ein Landstreicher, mit Degen, Wams und dem Ränzel, das besser ein Knappe getragen hätte. Aber sein froher Blick und vielleicht die Sonne, die von seinem silberglänzenden Wams niederstrahlte, veränderte ihr ängstliches Schauen in ein bewunderndes. Auch an einem Wirtshaus kam er vorbei, wo ein paar Männer schon beim Weine saßen, von weit her sah er den kleinen, aber tiefen See blinken, auf dessen schweigendem Grund, nie wieder aufgefunden, Schwester, Freund und Braut lagen; an dem Gehöfte auch, das nun ihm gehörte, dessen Pächter ihm jetzt ohneweiters Aufnahme gewähren müßten – aber es trieb ihn vorwärts, fort von allem, was ihn noch an die Vergangenheit, an das Gestern erinnern wollte. Aufenthalt bedeutete ihm unbestimmte Gefahr, und je weiter er sich aus dem bekannten Gebiet entfernte, wohin Spaziergänge, Fahrten ihn zuweilen gebracht, um so freier, ungefährdeter ging er dem einen Ziel entgegen, das unbekannt ihn an sich heranzog. Zwar änderte sich Bild und Landschaft und Hauch der Luft nicht. Doch als wäre seinem Schritt Erinnerung gegeben, so war ihm allmählich, als begänne er über einen Erdboden zu gehen, der bisher von ihm noch unbetreten, Fremde und Abenteuer bedeutete.

Nach Stunden erst – die Sonne stand schon hoch, und der Frühlingstag wurde sommerlich warm – verlangsamte er den Schritt. Die Brünnlein, aus denen er da und dort einen Schluck Wasser getrunken, löschten ihm seinen Durst nicht mehr. Der Ranzen drückte seine Schultern, er wechselte ihn von rechts nach links und dachte an die ersten Wanderstunden wie an ein Fliegen, ein Flattern, ein Schweben; nun erst wandelte er seinen Weg wie andere Menschen.

Fast wie ein Geschenk empfand er es, als nun ein Olivenwäldchen ihm einigen Schatten bot und wie ein wahrhaftes Glück, als er in einer mäßigen Lichtung ein Haus schimmern sah, eine Art von Schenke, nicht eben sehr gastlich anzusehen, verfallen beinahe und nur daran zu erkennen, daß immerhin ein paar Tische davor standen, an deren einem zwei übel, fast wild aussehende Burschen saßen, zerbeulte Becher mit Wein vor sich. Zwei Mädchen, die offenbar zu ihnen gehörten, ruhten ein paar Schritte weit davon in nachlässiger, aber wie von einstigem Reichtum zeugender Kleidung im Schatten der Bäume, unter den Köpfen einen zusammengerollten Mantel. Sie schienen zu schlafen, was am Ende kein Wunder war, da ringsum völlige Stille herrschte. Auch die beiden Burschen saßen schweigend, wie versonnen, hatten nicht einmal Anselmos Schritt gehört, der in dem feuchten Wiesengrund versank.

Ein Wirt war nicht zu sehen, und so sehr Anselmo die Aussicht auf Trank, Speise und Ruhe anfangs gelockt hatte, nun, da er sich der bequemen Erfüllung gegenübersah, rührte ihn das Bild der beiden Männer am Tisch in ihrer wächsernen Unbeweglichkeit mit plötzlichem Schauern an. Irgend etwas mahnte ihn, hier lieber nicht zu verweilen und seinen Weg rasch fortzusetzen.

Doch als er, um sich selbst nicht am Ende ängstlich zu erscheinen, ganz hart an dem Tisch der beiden vorüberschritt und absichtsvoll den einen, älteren ins Auge faßte, dem ein feuerrotes Mal auf der Stirne glänzte, hob der plötzlich den Kopf, griff hastig nach der Mütze, die neben ihm lag, stülpte sie sofort, wie um das Brandmal zu verbergen, tief in die Stirne und reckte sich in die Höhe, drohend beinahe, so daß Anselmo, die Hand am Degen, vor ihm stehen blieb. Beide schwiegen vorerst und standen so sekundenlang Aug in Aug. Der dritte blieb gemächlich sitzen, er war vornehmer gekleidet als sein Genosse, mit Wams und Hosen aus gutem, doch verschlissenem, dunkelblauem Samt, junges, braunes Gelock fiel ihm in die Stirn und zugleich über eine sonderbare rote Binde, die sein linkes Aug bedeckte. Er trug ein dünnes Kinnbärtchen nach französischer Art, und man hätte ihn wohl für einen Kavalier halten können, wenn er nicht barfuß dagesessen wäre. Es schien nicht anders, als betrachte er es wie eine Art Schauspiel, als er die beiden anderen so herausfordernd gegeneinander aufgestellt sah. Dann sagte er mit sehr wohllautender Stimme: »Ich denke, der junge Herr nimmt an unserem Tisch Platz als unser Gast oder wir als die seinen, was so ziemlich aufs Gleiche herauskäme, da der Wirt vor einer Stunde durch eigene Unhöflichkeit zu erheblichem Schaden gekommen ist und wir uns daher wohl selbst werden bedienen müssen.«

»Danke«, sagte Anselmo hell, dem die Art des Jüngeren nicht übel gefiel, obwohl er sich denken konnte, was es mit dem erheblichen Schaden des Wirtes auf sich haben mochte. Er entledigte sich des Ranzens, nahm sein Barett ab und warf es gleichfalls hin, reichte dem Älteren und Jüngeren die Hand und setzte sich rittlings, die Hände auf der Lehne, auf einen wurmstichigen Stuhl. »Ich heiße Anselmo«, sagte er dann. »Mein Familienname tut nichts zur Sache. Gestern um die gleiche Stunde starben Vater und Mutter an der Pest. Weitere Verwandte habe ich nicht. Heute früh habe ich mein Haus verlassen auf Nimmerwiederkehr. Was ich besitze trage ich mit mir, es ist nicht viel, den Degen zu brauchen lehrte mich der berühmte Fechtmeister Raboldi, und ehe die Sonne sinkt, wandre ich weiter.«

»Was Ihr nicht alles im voraus wißt«, meinte der Kavalier.

Der andere aber nahm die Mütze wieder ab, als wollte er zeigen, daß er sich des eingebrannten Males keineswegs schäme, ja vielleicht stolz darauf war. Seine Züge waren verwittert, hart, ja grausam, zugleich aber war in ihnen so viel Bitterkeit, ja Verzweiflung, daß Anselmo Mitleid mit ihm verspürte. Er nahm vom benachbarten Tisch, an dem wohl erst vor kurzem Leute gesessen sein mochten, einen Zinnbecher, schenkte sich ihn aus dem mit rotem Wein gefüllten irdenen Krug voll und trank den beiden anderen zu. Die taten ihm Bescheid, darauf wies der verkommene Kavalier den Älteren, Gezeichneten mit ziemlicher Grobheit an, sich ins Haus zu begeben und nachzusehen, was noch Eßbares zu finden wäre. Der, immer noch stumm, erhob sich, und nach einem ganz unmerklichen Zögern verschwand er durch das weit offene Tor in dem dunklen Flur.

»Böse Zeit«, bemerkte der Jüngere. »Die verdammte Seuche will nicht schwinden. Im Zickzack hin und her wie ein toller Hund rast sie von Stadt zu Stadt, von Haus zu Haus, glaubt man sie da und dort schon verschwunden, bricht sie wieder unversehens hervor, als wäre sie tückisch auf der Lauer gewesen. Auch wo man sich gefeit glauben möchte, in freier Natur, in lindester Frühlingsluft fällt sie über einen her. Wie Ihr uns da seht, sind wir zwei die letzten von sieben, die sich im vorigen Herbst zusammengetan. Drei hat die Seuche hingerafft, zwei – anderes Ungefähr. Der letzte stürzte vor ein paar Tagen auf einer Wiese hin, wie vom Blitz erschlagen. Dort liegt er wohl jetzt noch, wenn ihn indessen nicht hungrige Vögel gefressen haben.«

Anselmo wunderte die gewählte, wohl etwas gezierte Sprechart des Kavaliers, der aus gutem, vielleicht aus adeligem Hause schien. Doch er fühlte zugleich, daß er sich vor ihm besonders in acht nehmen müßte.

Indessen waren die beiden weiblichen Wesen am Waldrand erwacht und saßen aufgerichtet da. Der Kavalier winkte sie mit der Hand herbei, sie strichen ihre Röcke zurecht, steckten eilig ihre Haare auf, die Größere, Schlanke war ordentlich gekleidet wie ein Bürgerfräulein etwa, die Kleinere hatte ein völlig zerrissenes Kleid, so daß es unten in Fetzen hing, das Leibchen fehlte ganz, das Leinenhemd sank über die Schultern herab, sie hüllte sich in den roten Mantel, der ihnen früher als Kopfpolster gedient und hielt ihn mit einer Hand über der Brust zusammen. So traten sie beide an den Tisch, und Anselmo, der nun erst deutlich ihre jungen, frechen Gesichter sah, zweifelte nicht, daß sie irgendeinem schlechten Haus entlaufen oder aus ihm entführt worden waren. Sie begrüßten Anselmo mit höflichen Verneigungen, die zugleich zierlich und herausfordernd waren und wie ein eingelerntes Spiel anmuteten. Und ebenso, mit einer gespielten höfischen Grandezza, stellte der Kavalier sie vor: »Lorenza und Anita«, sagte er, »liebenswürdige Frauenspersonen, Witwen: die eine von siebenundsechzig, die andere von hundertdreiundzwanzig Männern nach ungefährer Zählung.« – »Morgen können es wohl schon hundertvierundzwanzig sein«, sagte die Dunkle und küßte Anselmo auf den Mund. Die andere sprach nichts, und immer noch den roten Mantel über der Brust festhaltend, betrachtete sie Anselmo mit großen, neugierigen, unschuldsvollen Augen, wie ein Kind.

Der Mann mit dem Brandmal auf der Stirn trat wieder aus dem Haus, brachte kaltes Fleisch, nicht in großen Mengen. »Das ist alles«, sagte er. »Und das noch.« Er zog aus dem Gürtel einen schmalen Lederbeutel, der Kavalier öffnete ihn, ein paar Silbermünzen fielen heraus. Der Kavalier verzog den Mund: »So hat der Schuft von Wirt nicht einmal gelogen.«

»Es wird noch was vergraben sein«, meinte die Dunkle. »Warum kitzelt Ihr es ihm nicht heraus?«

»Ihr habt etliches verschlafen«, sagte der Kavalier, »den kitzelt nichts mehr.«

Die Blonde setzte sich ganz langsam, als wäre sie plötzlich müde geworden.

Der Gezeichnete sprach: »Machen wir's rasch, es hat nicht Sinn, lange zu verweilen. Zur Ruhe legen wir uns ja doch wohl nicht hier im Hause.«

»Vorerst wollen wir das wenige«, sagte der andere, »was der Besitzer uns hinterlassen, in aller Ruhe verzehren. Solange wir hier vor dem Tor sitzen, wird keiner sich hineinwagen.«

Er ließ es sich schmecken, die anderen griffen gleichfalls zu, auch die Frauen ließen sich nicht nötigen, und Wein gab es zur Genüge. Dazwischen gab es eine in halben und etwas unverständlichen Worten geführte Unterhaltung zwischen den beiden Männern, in der von einem wohl ausgekundschafteten Weg, einem Landhaus, vom Neumond, von Fischern in Livorno, einem griechischen Segler, von Goldstücken und von einem Mönchsgewand die Rede war. Nahe bei Anselmo schwatzte die dunkle Frau von ihrer Schwester, die mit einem Arzt vermählt wäre, eine andere habe den Schleier genommen, von beiden habe sie nichts mehr gehört, ein Bruder sei als Soldat angeworben in den Kämpfen zwischen Pavia und Piacenza gefallen. Sie erzählte auch von einer Fahrt nach Rom in einem prachtvollen Reisewagen mit zwei alten Herren, dann von einem Haus nah bei Florenz, wo sie mit acht Weibern ihresgleichen gehaust, und für eine Nacht nie weniger als fünf Goldstücke erhalten habe, von einem gewissen Ernesto, den sie wirklich geliebt, von einem Kardinal, der sie bei sich in Rom hatte behalten wollen; währenddem erwies sie dem Anselmo, den das Geschwätz und der Wein ganz wirr gemacht hatten, Liebkosungen, doch wie aus Gewohnheit, ohne irgendwelche Zärtlichkeit oder Leidenschaft zu verraten. Die andere aber bettete das Haupt Anselmos, den der Wein immer schläfriger machte, an ihre Brust, der rote Mantel war zwischen ihrer weißen Haut und seinem dunklen Haar.

Aus seinem Schlummer weckte ihn ein sonderbares Klappern, das er im Traum für Hufschläge herannahender Pferde hielt. Doch als er die Augen blinzelnd auftat, merkte er, daß der Kavalier und der Gezeichnete aus einem Zinnbecher Würfel schüttelten und die paar Silbermünzen zwischen den beiden immer wieder hin und her wanderten. Als sie merkten, daß Anselmo erwacht war, reichte der Kavalier ihm ohne weiteres den Zinnbecher mit den Würfeln hin.

»Nun, schütt' aus, vielleicht hast du Glück.«

»Ich bin kein Spieler«, sagte Anselmo.

»Heute bist du's«, erwiderte der Kavalier sehr freundlich. »Setz' nur ein.«

Anselmo nahm einen Lederbeutel mit Silbermünzen hervor, einen zweiten hatte er wohlverborgen in einer versteckten Manteltasche. Er wußte, daß er sich nicht zur Wehr setzen konnte, am Ende hätten die beiden es auch einfacher mit ihm machen können. Er war entschlossen zu verlieren, und dachte, es würde ihm leicht genug werden, da ja die anderen wohl geschicktere und unbedenklichere Spieler waren als er. Doch er warf immer höher als sie und während der Gezeichnete das Spiel gleich aufgab, geschah das Unerwartete, daß der Kavalier immer wieder neue Münzen, endlich auch Goldstücke aus irgendwelchen verborgenen Falten seiner Gewandung, schließlich sogar aus der Tiefe seiner Stiefel, die neben ihm auf dem Boden standen, hervorzauberte, und am Ende, da auch die letzten Goldstücke zu Anselmo hinübergewandert waren, den Mantel als Einsatz vorschlug, der über der Schulter der blonden Schweigenden hing.

»Lassen wir's genug sein«, sagte Anselmo, dem in seinem Glück immer banger zumute wurde. »Ich wünsche nicht das Fräulein zu berauben.«

»Das Fräulein ist mein«, sagte der Kavalier, »ihr Leib so gut, wie alles, was sie am Leibe trägt. Und wenn es mir beliebt, setze ich auch sie zum Pfand.«

Anselmo warf einen Blick auf Anita, immer noch saß sie schweigend da, mit großen, klaren, stummen Augen, als ginge sie alles das, was um sie vorging, nicht im geringsten an oder, wie Anselmo zu vermuten anfing, als hielte irgendein entsetzliches Erlebnis, wer weiß wie lange schon, ihren Geist im Bann. Er ließ die Würfel rollen, ohne hinzusehen, er hoffte, daß er nun endlich verlieren würde, doch im nächsten Augenblick schon hörte er die Stimme des Kavaliers: »Der Mantel ist Euer«, und er sah, daß er mit den drei Würfeln achtzehn Augen geworfen. Schon ließ Anita, die Arme auseinanderbreitend, mit einer hingebungsvollen Bewegung den Mantel von der Schulter heruntergleiten, doch bückte sich Anselmo schnell und sagte: »Behaltet ihn, Fräulein, ich schenke ihn Euch« und breitete ihn selbst wieder über ihre weißen Schultern. Der Kavalier, ohne eine Miene zu verziehen, sagte: »Da er nun wieder ihr, also mir gehört, setze ich ihn ein zweites Mal.« Der Kavalier warf siebzehn, Anselmo achtzehn, wieder ließ Anita den Mantel sinken, Anselmo schenkte ihn ihr ein zweites Mal und legte ihn sorglich um ihre Schultern. »Noch einmal«, sagte der Kavalier und ließ die Würfel wohl sekundenlang im Becher kreisen – dann warf er sie auf den Tisch. Dreizehn war sein Wurf. Nun war es an Anselmo, auch er schüttelte lang, sah um sich und merkte, daß der Gezeichnete und die Dunkle spurlos in den Wald verschwunden waren, doch hörte er aus dem Schatten des Waldes Frauenlachen. Währenddem schüttelte er die Würfel aus, und mit siebzehn hatte er gewonnen.

Doch als Anita wieder den Mantel gleiten lassen wollte, duldete er es nicht, drückte ihn fest auf ihre Schultern, erklärte, daß er den Mantel unter keiner Bedingung nehme, daß für ihn das Spiel nunmehr beendet sei und daß nichts in der Welt ihn vermögen könne, den offenbaren Zauber, der hier zu seinen Gunsten walte, weiter zum Schaden seines Gegners auszunützen. »Denn ich sehe wohl, daß es nicht mit rechten Dingen zugeht, und Ihr seht es auch.« Was er dachte, war nun freilich nicht, daß sich ein gnädiger Geist seiner angenommen, sondern vielmehr, daß der Kavalier ihn aus irgendeiner tückischen Absicht gewinnen ließ, das Ganze eine Falle sei, aus der er am Ende doch nicht entkommen könne. Es war sonderbar, daß er im Laufe der letzten Viertelstunde schon manche Stimmen von Menschen vernommen, die gar nicht fern auf einem Waldpfad oder auf der großen Landstraße vorüberwandern mochten, und daß doch keiner den Weg zu der Lichtung suchte oder fand. Er dachte jetzt nur mehr daran, wie er so rasch als möglich sich davon machen könnte, denn so sicher er sich auch gegenüber dem gewandtesten Gegner seines Degens fühlte, vor der Übermacht der zwei Gesellen, mit denen auch gewiß die beiden Frauen im Bunde waren, wußte er sich wehrlos, und überdies war es keineswegs unmöglich, daß ein paar Kerle irgendwo in der Nähe sich versteckt hielten. Schon sah er sich in dem Innern des Hauses, im Keller etwa, erschlagen neben dem erschlagenen Wirte liegen, und es bangte ihm, daß er der Pest nur entkommen sein sollte, um zu Beginn der Wanderung in die Welt der Freiheit und Abenteuer ein unrühmliches Ende zu finden. Er erhob sich rasch und sagte: »Ihr müßt verzeihen, meine Rast hat sich über Gebühr ausgedehnt. Ich will vor Einbruch der Nacht noch eine gute Strecke wandern.« Er nahm seinen Ranzen auf, schnallte den Gürtel fester, setzte sein Barett auf und war verwundert und beunruhigt zugleich, daß der Kavalier keine Miene machte, ihn zurückzuhalten. Es schien ihm geraten, dem Kavalier zum Abschied die Hand entgegenzustrecken, doch der nahm sie nicht, sondern auf die Münzen weisend, die Anselmo auf dem Tisch hatte liegen lassen, bemerkte er: »Ihr vergeßt Euren Gewinn, Herr.«

»Ich vergess' ihn nicht«, erwiderte Anselmo, »ich schenke ihn dem Fräulein.«

Doch in diesem Augenblick sprang der andere auf, als wäre ihm die furchtbarste Beleidigung widerfahren, und Anselmo griff unwillkürlich nach seinem Degen, wobei er, als stiege von dem Eisen aus eine köstliche Kraft in seine Adern, seine angeborene Unerschrockenheit wiedergewann. Doch schon lösten sich die Züge des Kavaliers und er sagte: »Das Fräulein nimmt das Geschenk nicht an, aber wir wollen noch einmal würfeln, Ihr setzt Euren ganzen Gewinn und ich dagegen – Anita.«

Es war nicht Bangen allein, das nun Anselmos Blut nach dem Herzen strömen machte, er blickte auf Anita nieder, sah wie ihre Augen sich schlossen, ihr Haupt auf die Brust sank und wie sie den Mantel noch fester um sich zog, als wollte sie sich ihrer selbst versichern, als käme sie jetzt, da um sie, um ihr Schicksal gespielt wurde, nach dem Bann, der Tage oder Wochen oder Jahre auf ihr gelastet, zum Bewußtsein ihres Daseins und ihrer Menschenwürde. Doch auf Anselmo fiel kein Blick, er konnte nicht ahnen, was sie im Grunde ihrer Seele wünschte.

Der Gezeichnete und die dunkle Frau waren wieder aus dem Wald hervorgetreten. Über die beschattete Lichtung zog ein leiser Wind wie Ahnung der Nacht hin. Alle standen sie, nur Anita saß wie zusammengenommen und in sich gefestet. Anselmo war zum Abmarsch so gerüstet, daß er unwillkürlich den einen Fuß schon nach vorne gesetzt hatte.

Der Kavalier warf zuerst, die Würfel, als wären sie selbst unschlüssig, kollerten unbegreiflich lang auf dem Tisch hin und her. Endlich lagen siebzehn Augen zutage. Doch keiner staunte, als Anselmo achtzehn warf.

Ein Schweigen, das noch tiefer schien als vorher. Es dauerte fast eine Minute lang. Sie blieben alle wie unbeweglich stehen, auch Anselmo mit dem vorangesetzten Fuß. Nur Anita erhob sich langsam, immer noch mit dem gesenkten Blick.

»Geht«, sagte der Kavalier, »beide.«

Jedes Wort, jedes Zögern, Anselmo fühlte es, wäre sinnlos gewesen, hätte unentrinnbare Gefahr bedeutet. Er ging, ohne sich umzudrehen, hörte Anitas Schritte hinter sich, ja er vermeinte den Hauch ihrer Lippen zu fühlen, der Wald schloß sich hinter ihnen, nach wenigen Minuten schon traten sie auf die breite Landstraße hinaus, die er so nahe nicht vermutet hatte, und jetzt erst atmete er auf, als wäre er einem höllischen Bezirk der Gefahren entronnen. Er hätte sich kaum gewundert, wenn der Klang von Anitas Schritten nur eine Täuschung seines Gehörs gewesen und sie selbst von dem unheimlichen Zauber hinter ihnen gleichsam wieder eingeschlürft worden wäre; aber wie er sich umwandte, stand sie da, den Mantel um die Schultern und an die Brust gepreßt, der zerrissene Saum ihres Kleides streifte ihre nackten Füße, und ihr Antlitz, völlig erhellt, mit überwachen Augen, leuchtete in das seine.

»Willst du mich nicht endlich deine Stimme hören lassen?« fragte Anselmo.

»Ich bin dein«, sagte sie, neigte sich ein wenig, und er empfing sie in seinen Armen, aus denen sie sich gleich wieder löste.

Die abendliche Straße war menschenleer. Das Wäldchen, das sie verlassen, lag schmal und dürftig hinter ihnen wie ein Streif, und es war fast unbegreiflich, wie all das, was er gesehen, Raum darin gehabt hatte. Aber wie im Raum unbegreiflich, auch der Zeit nach lag dieses Erlebnis seltsam weit zurück. Es war, als sei er nun erst wieder in die wirkliche Welt eingetreten, wo auch die gewohnten Gesetze galten.

Menschliche Behausungen waren wenige zu sehen, auf etwas entfernteren Hügeln ragten da und dort Schlößchen und Burgen, Landleute, Bettelmönche, Eseltreiber begegneten ihnen. Die feinen Wölkchen spiegelten noch den Widerschein der Sonne, doch die Dämmerung war schon da, und so wurden die Begegnenden des merkwürdigen Aufzugs kaum recht gewahr, in dem Anselmo und Anita des Weges schritten. Sie mochten den Leuten wohl wie ein junges Paar aus adeligem Hause erscheinen, von einem der kleinen Kastelle, die auf den Hügeln thronten. Auch sah man zu dieser Zeit der Unordnung, Seuchen und Auflösung die sonderbar gemischtesten Trachten, besonders auf dem Lande außerhalb der Städte, wie das die Verwirrung aller Verhältnisse mit sich brachte.

»Lass' uns nur rasch weitergehen«, sagte Anita, »und erst an einer sicheren Stelle Halt machen. Denn die Wahrheit zu sagen, ich traue meinem Gatten nicht.«

»Dein Gatte?«

»Ja, wir sind richtig vermählt, und er hat mich nicht etwa entführt oder geraubt, wie du wohl denkst, nein, der Pater Celestus hat uns erst heute morgens um vier Uhr in der Klosterkapelle zur heiligen Anna zusammengegeben. Was blieb mir anderes übrig. Mir war so angst in unserem Schloß, wo der Wind durch die zerschlagenen Fenster blies und die Brüder der Mutter in der Halle die Nacht durch zechten und sangen.«

Sie erzählte noch allerlei, Wirres und Irres, Wahres, vielleicht Erdichtetes, Erlogenes, durcheinander. Anselmo entnahm aus dem Ganzen, daß ihr Vater vor einiger Zeit mit irgendeiner Frauensperson das Haus verlassen, daß dieses bald darauf von einer Bande völlig ausgeraubt worden war und sie selbst mit ihrer Mutter in den geplünderten Räumen bald gehungert, bald in Üppigkeit gelebt, daß der Mann, dessen Gattin Anita sich nannte, der letzte Liebhaber ihrer Mutter gewesen, um sie selbst aber beständig und in Ehren geworben, daß die Mutter sie gestern noch geschlagen, sie, Anita, erst heute morgen nach vollzogener Trauung das Haus verlassen und ihr Gatte, der Kavalier, sie gleich darauf in einer Schenke mit dem Gezeichneten und mit der Dirne zusammengeführt, die sie bis dahin nicht gesehen, ja von deren Dasein sie nichts gewußt, daß die drei irgendeinen Plan besprochen hatten, der in allernächster Zeit ausgeführt weden sollte, daß sie in jenem Wirtshaus der Wirt, obwohl er sie angeblich erwartet, feindselig empfangen, daß die beiden Männer ihn ins Haus gedrängt, wo sie ihn offenbar erschlagen hatten.

Doch berichtete sie das nicht als eine seltsame oder gar grauenhafte Geschichte, sondern wie irgendein fast alltägliches Erlebnis, das ihre tiefste Seele kaum berührte; oder wie ein Kind eine halbverstandene Geschichte nacherzählt, ungenau und übertrieben. Sie redete immerfort, richtete keine Frage an Anselmo, doch hielt sie im Weitergehen stets seine Hand gefaßt.

Es wurde dunkel, die Landstraße lag leer und lang vor ihnen und zog unter einem fernen Sternenhimmel fahl zwischen hohen Pappeln weiter. Anselmo hatte den Vorsatz, sobald irgendein bewohntes Haus sich zeigte, Einlaß und Nachtlager zu erbitten. Doch war kein Gehöft, kein Wirtshaus, kein Kastell, auch auf den Hügeln nicht, zu erspähen; auch begegnete ihnen kein Mensch mehr. Plötzlich hörte er ein Knarren von Rädern, das näher kam. Ein Lichtschein fiel auf die Straße, er kam von einer Laterne, die von der Deichsel eines Wagens herabhing. Anselmo blieb stehen, ließ den Wagen herankommen, rief den Lenker an, den er nicht sehen konnte, der Wagen hielt, unter dem aufgespannten Dach streckte sich ein Kopf hervor. Gleich darauf sprang ein hagerer Mann heraus, die Peitsche wie kampfbereit in der Hand und begann fürchterlich zu schreien, als wolle er vor allem sich selbst Mut machen. Er schrie so sehr, ohne sich dabei zu rühren, immer mit der Peitsche in der Hand, als wollte er seinen Wagen und sein Leben verteidigen, daß Anselmo laut lachen mußte und Anita mit einstimmte. Da trat der Mann näher an sie heran, und als er sah, daß das Paar sich in das Licht der

Laterne gestellt hatte, hielt er mit dem Schreien inne, beruhigte sich, lachte selbst und dankbar, daß nicht, wie er wohl gefürchtet, Räuber aus dem Hinterhalt ihn angefallen, ließ er Anselmo und seine Gefährtin einsteigen und erklärte sich bereit, sie beide nicht in irgendein Wirtshaus, wie Anselmo gebeten, sondern in sein eigenes Haus zu führen, das gar nicht weit von hier abseits von der Landstraße stehe. Er war, wie Anselmo nun sah, keineswegs ein Fuhrmann oder ein Bauer, sondern offenbar ein Mensch besseren Standes, und in seiner schwarzen, verschlossenen Tracht mit weißer Krause und spitzem Hut, unter dem weißes Haar quoll, sah er wie ein Arzt oder Apotheker oder Richter aus. Er sagte: »Ihr scheint aus gutem Hause, ich will nichts weiter wissen, denn sonst müßte ich Euch vielleicht die Aufnahme versagen. Ihr könnt bei mir ein Nachtlager haben.«

Das Gefährt setzte sich in Bewegung. Wie lange die Fahrt dauerte, wußte Anselmo nicht, denn er sowie Anita selbst schliefen sofort ein und erwachten erst, als der Wagen plötzlich hielt und vor ihnen vielleicht schon eine Minute lang der Weißhaarige stand, in der demütigen Haltung eines treuen Dieners, der das Aussteigen der Herrschaft erwartet, aber sich nicht getraut, sie aufzustören.

Als sie endlich ausgestiegen waren, geleitete er sie mit großer Höflichkeit durch ein kleines Vorgärtchen, in dem bunte hochgestielte Blumen standen, die die Nacht im nächsten Umkreis erhellten, in das Haus – es war ein niederes, sehr langgestrecktes, helles Gebäude mit flachem Dach –, ließ sie rechter Hand ins Wohnzimmer treten und, allein gelassen, standen sie beide in dem unbeleuchteten Gemach, Hand in Hand, erwartungsvoll wie Kinder. Allmählich erst zeigten sich die Umrisse zierlicher Möbel, wie sie für einen einfachen Landsitz paßten, und auf der Decke trat das verschlungene Gebälk der Verkleidung hervor. Der Alte trat wieder ein mit zwei hohen Leuchtern, in denen Wachskerzen brannten, stellte sie auf den kleinen viereckigen Tisch, ließ die beiden jungen Menschen auf zwei hochlehnigen Stühlen einander gegenüber Platz nehmen, ging wieder und schon nach einer Minute brachte er kaltes Fleisch, Früchte,

Backwerk, wozu er ihnen aus einer gläsernen Karaffe in zwei hohe Stengelgläser einen dunkelroten, herb-süßen Wein einschenkte. Sie ließen es sich schmecken und waren ihrer Geborgenheit froh. Er trat noch zwei- oder dreimal ein, um ihnen die Gläser nachzufüllen und die Teller zu wechseln. Als er sah, daß die Mahlzeit beendet, deutete er durch eine Gebärde an, daß der Augenblick gekommen sei aufzustehen, geleitete sie über den Gang zu dem gegenüberliegenden Gemach, von dessen niederer Decke eine grünverhangene Lampe mattes Licht über das breite weiße Ruhelager goß. An der Längswand stand ein Tisch mit Waschbecken, Krügen, Tüchern und allerlei, was man sonst zur Reinigung und Erfrischung benötigen mochte. Am Fußende des Bettes war ein Tischchen mit Wein und Früchten bereit. Der Alte selbst verschwand und schloß die Türe hinter sich, ehe ihm die beiden auch nur eine gute Nacht wünschen konnten.

Es war das erste Mal, daß Anselmo ein Weib in den Armen hielt, und in seiner Unerfahrenheit wußte er anfangs nicht oder machte sich wenigstens keine Gedanken darüber, daß es ein unberührtes Mädchen war, die sich ihm zuerst unter Tränen, dann in immer ungehemmterer Leidenschaft hingab und endlich in einer fast mütterlichen Inbrunst sein Haupt an ihr Herz bettete. Doch geradeso wie sie in dieser ersten Liebesnacht gleich völlig zur Frau wurde und zugleich mit den zärtlichen mütterliche Gefühle in ihr erwachten, wurde Anselmo in ihren Armen so völlig zum Mann, daß er nach dem Stolz der Eroberung und der Wonne der Ermattung aus seiner Seele schon die Sorge steigen fühlte, sich an die Frau zu verlieren, die Angst, festgehalten zu werden, und den Drang, gleich die Geliebte zu verlassen, die sich ihm so vertrauensvoll geschenkt. Der erste Frühdämmer, der durch den Vorhangspalt sich auf den Boden stahl, die erste Vogelstimme im Garten weckte Sehnsucht in ihm auf, und schon nicht mehr nach der Schlafenden, die blaß, mit geschlossenen Lidern, das blonde Haar über Stirne, Wangen und Schultern, unbegreiflich fremd in den Kissen lag – weckte Sehnsucht nach Ferne, Alleinsein, Freiheit – und anderen Frauen. Der Gedanke, die Wanderung mit ihr fortzusetzen, war ihm unerträglich, es war ihm, als müßte eine Gefährtin seiner Wanderung, wer immer sie sei, nicht besser sein als eine Kette, die er nachschleppte. Er war entschlossen, sich davonzumachen, ehe sie erwachte und alles, was er an Verpflichtung gegen sie verspürte, war, ihr ein wenig Geld zurückzulassen, damit sie, ehe sie den Gatten wieder oder einen anderen Liebhaber fände, nicht etwa Mangel leide. Sie schlief so fest, daß er mit einiger Vorsicht im Dämmer des verhängten Raums, aber ganz in Ruhe sich ankleiden konnte. Übrigens war ihm auch vor ihrem Erwachen nicht bang. Er fühlte sein Herz so gepanzert oder so kühl, daß auch ihre Tränen, ihr Flehen, wenn solches zu erwarten war, keine Macht über ihn gehabt hätten, und er wußte, daß ihr kein Recht an ihn und an seine Freiheit zustand. Und wenn er den Alten noch sah, der in irgendeinem anderen Raum des Hauses schlafen mochte, so könnte der ihn weder mit Güte noch mit Gewalt festhalten. Nichts war in Anselmo als ein Drang, den Weg weiterzugehen, den er, wie vom Schicksal getrieben, aus seinem Heim unter so dunklen Umständen angetreten und an dessen Beginn ein so vertracktes, aber doch nicht unbedenkliches Abenteuer wie als Ankündigung bedeutungsvollerer ihn erwartet hatte.

Jetzt erst, zur Wanderung gerüstet, warf er einen Scheideblick auf die Schlafende und sah mit einiger Verwunderung, daß die Decke von ihrem Leib herabgeglitten war und durch den Vorhangspalt, während ihr Körper, ebenso wie Bett und Gemach, noch in Dämmer schwebte, ein schmaler Streif der Sonne zwischen ihren Brüsten, über ihre Lippen und ihre Stirn in ihre Locken lief und die Schlafende gleichsam wie mit einem goldenen Dolch entzweischnitt. Er fühlte sich heftig zu ihr hingezogen und die Versuchung war nicht gering, die goldene Spur der Sonne durch eine Umarmung zu beschatten, doch der Morgen draußen war nicht Lockung allein, er war auch Gefahr; und so sagte er sich, völlig erwacht, daß jedes weitere Verweilen ihn vielleicht nicht nur die Freiheit, sondern auch das Leben kosten konnte; und ohne auch nur die Stirn der Schlafenden mit seinen Lippen zu berühren – er hatte sich schon herabgebeugt –, mit einer kalten Entschlossenheit, die noch von der überwundenen Versuchung glühte, verließ er das Gemach und schloß leise die Türe hinter sich. Er trat in den schmalen Gang, der das Haus teilte und dessen Dunkelheit noch immer von der brennenden Fackel im Hintergrund durchglänzt wurde, öffnete die Haustür, die hochgestielten Blumen des Vorgartens prangten in leuchtender Buntheit ihm entgegen. Die Luft aber nach der süßen dumpfen Abgeschlossenheit des nächtlichen Gemachs in ihrer duftgewürzten Frische machte ihn beinahe schwindeln vor Staunen und Glück. Es war wie ein hundertfach erfüllter Morgen nach einer hundertfach erfüllten Nacht. An der Schwelle stehend atmete er tief auf, da stand, von der Seite hervortretend, der Kavalier vor ihm, der, wenn auch in der gleichen Tracht wie Tags zuvor, viel stattlicher aussah und über den Augen nicht mehr die rote Binde trug. Anselmos Wachsein, sein Gefühl der Jugend in dieser köstlich frischen Stunde durchflutete mit solcher Kraft seine Adern, daß er nicht eine Spur von Schreck, ja kaum von Staunen spürte; auch der Gedanke, daß Verrat, von langer Hand vorbereitet, hier lauern könnte, flackerte nur wie eine trübe Flamme, um gleich wieder zu verlöschen. Und es war am Ende gleichgültig, ob man ein niederträchtiges Spiel mit ihm getrieben oder ob der Kavalier ihn durch List oder Glück zu finden gewußt. Dieser aber, als wäre er Anselmos Gedanken gefolgt, sagte:

»Mein Wort vorerst, daß nur meine gute Nase Euch aufspürte, Herr Rigardi. Ferner meine Versicherung, daß niemand in der Nähe, den ihr zu fürchten hättet, als mich – wenn Ihr überhaupt«, fügte er lächelnd hinzu, »geschaffen wäret, Euch zu fürchten. Endlich, damit Ihr doch wißt, mit wem Ihr es hier zu tun habt, mein Name und mein Stand, den ich gestern aus guten oder schlechten Gründen verschwieg: Francesco Graf Raspighi, der letzte meines Namens und auf dem Wege zu Ruhm oder zu frühem Tod, geradeso wie Ihr. Und nun kommen wir zur Sache.«

»Ich höre«, sagte Anselmo.

»Ihr habt mir gestern, Herr Anselmo, im redlichen Spiel

meine Frau abgewonnen. Ich denke, daß Ihr ohne weiteres geneigt sein werdet, wie es unter Kavalieren üblich, mir Revanche zu geben.«

Schon lag es auf Anselmos Lippen, daß er darauf verzichte, die Entscheidung den Würfeln anheimzugeben, und bereit sei, den Gewinn kampflos zurückzustellen. Doch er wußte, daß Raspighi sich das gewiß nicht gefallen lassen, ja ein solches Anerbieten eher als Beleidigung betrachten würde, und so erwiderte er: »Ich bin selbstverständlich bereit, aber wollt Ihr mir nicht sagen, was ihr als Gegenwert für Anita einzusetzen habt?«

»Mein Leben«, entgegnete der Kavalier mit völliger Ruhe.

»Ihr scherzt«, sagte Anselmo, »die Sätze sind zu ungleich. Ein Weib, und wäre es das schönste, es läßt sich immer ersetzen, Euer Leben aber – Ihr habt nur eins.«

»Mir ist eben beides, Weib und Leben, gleich viel oder gleich wenig wert, und darauf kommt es an.«

»Mir aber«, sagte Anselmo, »ist es nicht gleich viel wert, und mir ist Euer Leben gar nichts wert. Was wäre denn mein Gewinn, wenn Ihr nicht mehr am Leben seid?«

»Kein geringer, Anselmo: die Sicherheit des Euern.«

»Ich verstehe Euch nicht«, sagte Anselmo, der nun immer deutlicher merkte, daß all dies nicht gescherzt war.

»Das sollte so schwer nicht sein«, erwiderte Raspighi. »Wenn ich nämlich das Spiel gewinnen und Anita wieder haben sollte, dann stehen wir gleich zu gleich, Mann gegen Mann einander gegenüber, und unsere Degen werden sich miteinander messen.«

Anselmo runzelte die Stirn. »Ihr selbst schlugt gestern das Spiel um Anita vor, Ihr habt nicht Rechenschaft zu fordern.«

»Gestern war gestern, heut ist heut. Verlier' ich heute wieder oder weigert Ihr mir die Revanche, zu der ich Euch nicht zwingen kann und will, so bin ich in der nächsten Minute nicht mehr. Ihr müßt Euch in jedem Fall entscheiden.«

»Sei's drum, wir wollen spielen. Aber nur mein Leben gegen das Eure, anders nicht.«

Die hochgestielten Blumen umgaben sie rings in einem weitgespannten Kreis. Die beiden standen auf einem grünlich schillernden Kiesboden wie auf einem Spieltisch oder einem zweckvoll abgegrenzten Plan.

Der Kavalier schüttelte den Kopf: »Ich nehme nichts geschenkt.«

»Nichts geschenkt«, sagte Anselmo, »wir wollen sofort quitt sein. Wie wär's zum Beispiel, wenn ich Euch einen Schurken hieße?«

Ein sonderbares Lächeln spielte um die Lippen des Kavaliers. Die Starrheit seiner Züge löste sich, er sah jünger, sah gleichsam brüderlich aus, so daß Anselmo Neigung verspürte, ihm die Hand zu reichen.

»Nur Euch zu Gefallen, Herr Anselmo, will ich tun, als glaubte ich, daß Ihr mich wirklich für einen Schurken haltet. Doch werdet Ihr Schlimmeren begegnen, wenn Ihr überhaupt noch irgendeinem Menschen auf der Welt begegnen solltet.«

Und plötzlich mit völlig verändertem Antlitz, hoch aufgerichtet, fürstlich, zum ersten Male wirklich wie ein Kavalier, stand er da. Zwei Degen flogen im gleichen Augenblick aus der Scheide, die üblichen Grüße mit der Waffe wurden gewechselt und sofort blitzten die Degen aneinander. Eine Weile ging das Gefecht unentschieden zwischen ihnen hin und her. Anselmo dachte, daß nun wohl Anita hinter den Vorhängen erwachen müßte, aber nichts regte, nichts zeigte sich. Doch im Haupttor erschien plötzlich der Weißhaarige, dessen Dasein Anselmo vergessen hatte, wie ein Traumgespenst, in einem langen Morgentalar, schien nicht zu verstehen, was sich begab, sah zu wie einem Turnierspiel, bis er plötzlich begriff, daß es um Tod und Leben ging. Und schon stürzte er vorbei an dem langgestreckten Hause um die Ecke, wieder mit jenem törichten, feigen Schreien, wie gestern, da er Anselmo begegnet war – stürzte davon. Die beiden kümmerten sich nicht um ihn und fochten weiter. Anselmo freute sich seiner Kunst, es war ihm wirklich wie ein Spiel, und obwohl er wußte, daß es keines war, vermochte er sich nicht vorzustellen, daß in jedem Augenblick er selbst oder der andere verwundet oder tot zu Boden sinken könnte.

Der andere war es, der niedersank. In dieser Sekunde zum ersten Male zuckte ein Schreck durch Anselmos Herz, nicht in dem Sinne, daß er sich vor irgendwelchen Folgen gefürchtet, es war das Grauen, daß der vor einem Atemzug noch so lebendig, so jung, so brüderlich-verwandt gewesen war, ein Verlorener und innerhalb der nächsten Sekunden für alle Zeit aus der Welt geschwunden sein würde. Seinen tödlichen Degen noch in der Hand, kniete er neben dem Kavalier; ein hellroter Strahl Bluts sprang aus des Kavaliers Hals in die Höhe. Unwillkürlich versuchte Anselmo mit seiner Hand den Quell zu schließen und rief nach Anita, als könnte sie Hilfe bringen. Der Kavalier öffnete die Augen und hatte noch die Kraft zu sprechen: »Geht zum nächsten Gericht und sagt, daß Ihr den Grafen Raspighi getötet. Eine gute Belohnung ist Euch sicher.« Dann faßte er mit der Linken nach Anselmos Arm und zog ihn fort, als wäre es völlig sinnlos, das Ende um ein paar Sekunden hinauszuschieben. Dann, mit einem Blick in Anselmos Augen über sich, sagte er noch: »Ich weiß, Ihr werdet es nicht tun«, hob sich plötzlich, als versuchte er aufzustehen, doch es war nur ein gewaltiges Zucken, das durch seinen Leib ging, dann sank er jäh zurück und war tot.

Anselmo richtete den Blick wie ratlos nach dem Hause. Anita stand am offenen Fenster mit weitgeöffnetem starren Aug', den purpurroten Mantel über ihrer Brust zusammengepreßt. Es war Anselmo nicht klar, ob sie überhaupt verstanden, was hier geschehen war, und er sagte: »Dein Gatte ist tot.«

Sie erwiderte nichts als: »Laß mich mit ihm allein.«

Anselmo trat zu ihr hin, sie wehrte ab, die Arme über dem Mantel gekreuzt, mit vorgestreckten Händen. »Geh fort«, sagte sie.

Es war kein Zorn und kein Schmerz, weder Auflehnung noch Ergebung in ihren Worten. Es war nur ein rätselhaft klares Wissen, die Gabe, zwischen dem, was nottut, und dem, was ohne Sinn und Wert ist, zu unterscheiden. Anselmo fühlte, daß sie in seine Seele schaute, durch alles, was die Begebnisse der letzten

Stunden in ihm aufgewühlt, durch das unruhige Wellentreiben an der Oberfläche bis auf den Grund, und dort las sie den Wahn, den einzigen, den unüberwindlichen Wunsch: ich will meinen Weg weitergehen.

Das Haus, der Garten, die hochgestielten bunten Blumen, der Tote auf dem Kies, die Frau am Fenster, wie das Purpurrot ihres Mantels löschten aus. Der Morgenhimmel spannte sich unendlich hoch und weit. Die ungeheure Stille fing zu klingen an. Anselmo wandte sich und ging.

Er wanderte tagelang, meist auf der breiten Landstraße, die gegen Süden führte, manchmal den Weg kürzend, indem er Feld, Ackerland und Baumpflanzungen kreuzte. An manchen Anzeichen oder auch aus innerem Gefühl allein merkte er, daß hier die Seuche schon lang erloschen war oder die Landschaft überhaupt verschont hatte. Von Stunde zu Stunde wurde die Welt lichter, verheißungsvoller und freudiger. Er nahm seine Mahlzeiten in wohlgehaltenen Schenken, auch in stattlichen Wirtshäusern und übernachtete auf reinlichen Lagerstätten. Die Namen der Ortschaften, kleinerer und größerer, klangen ihm meist unbekannt ins Ohr. Manche hatte er wohl schon in der Heimat vernommen und doch niemals daran gedacht, daß er all die Orte jemals betreten werde, die Ferne und Fremde bedeuteten. Auch die Menschen, mit denen er redete, in flüchtigen Begegnungen manchmal oder auch bei Gelegenheit längerer Rasten, wenn auch gleichen Stammes mit ihm, erschienen von anderer Art in Aussprache, Tonfall, durch ihre Haltung auch, die unbekümmerter, unbefangener, minder neugierig und zugleich verschlossen, gleichgültiger und großartiger schien als die der Leute, die er bisher gekannt hatte. Er schritt vorwärts – unbehelligter selbst von Blicken, sich selbst freier überlassen, trotz seines immerhin nicht gewöhnlichen Aufzugs, und seiner edlen, zugleich harten und knabenhaften Gesichtszüge, die, ihm zwar kaum bewußt, auch in diesem Lande nicht alltäglich waren. Die Landschaft, durch die er wanderte, lag breit und gefällig da, und trotz aller Schattenlosigkeit war das Blau des Himmels minder dunkel als sonst, und beinahe immer wehte ein milder Wind um ihn. Eine Berglinie begleitete ihn, langsam, aber stetig ansteigend, niemals sich nähernd, zuweilen leuchteten die Höhen in einem warmen Weiß – dünne Wölkchen oder letzter Schnee, den der Frühling allmählich forthauchte. Der Wind, der kam, brachte einen herben Duft mit. Der Geschmack auf Anselmos Lippen verriet ihm bald, daß er längs des Meeres seinen Weg nahm, das, so weitab es sein mochte, sich feucht im Blau des Himmels spiegelte. Er ging wunderbar leicht, wurde nicht müde auch nach stundenlanger Wanderung, manchmal war ihm, als wäre er aus jenem verschollenen Abenteuer wie aus einem zauberischen Bad emporgestiegen, das den Knaben erst zum Jüngling gebildet hatte. Jede Bangigkeit war geschwunden, jede Trauer, jede Sehnsucht, und war es ihm anfangs noch ein Schauer gewesen, daß die Vaterstadt, die dahingerafften Eltern, die dahingeschiedenen und die ungetreuen Freunde, daß die Schwester, der Gespiele und die Freundin, die auf dem Grund eines Sees lagen, so vollkommen hingeblaßt waren – nun war auch der Schauer fort und nur das Glücksgefühl, frei und allein zu sein und wundersam an einem Anfang zu stehen, war geblieben. Es hatten sich auf dem Wege manche Anknüpfung und Möglichkeiten aller Art geboten, aber er bewahrte sich in jeder Weise und hatte es leicht sich zu bewahren, denn wie an jenem ersten Tage, den er gewandert war, alles was ihm begegnete, sofort mit Heftigkeit an ihn gegriffen und sich seiner bemächtigt, jetzt glitt er durch alles gleichsam, ohne daß etwas an ihm haften blieb. Von zwei Mädchen, mit denen er eines Abends am Straßenrand Zärtlichkeiten tauschte, verabschiedete er sich lachend, als sie ihn in ein nahes Gehöft verlocken wollten, eine reichgekleidete junge Dame, die ihren Wagen halten ließ und ihm anbot, ihn eine Strecke weit mitzunehmen, ließ er mit höflichem Danke weiterfahren. Die Einladung zweier junger Herren nach einer lebhaften Unterhaltung in das Schloß ihrer Eltern, der Barone von Vincenti, lehnte er ab. Einen kleinen Trupp von Soldaten, sieben an der Zahl, mit denen er zechte, die sich eben zu dem Regiment des Grafen Tovaldi begaben, für das sie geworben waren, und die ihn ermuntern wollten, sich ihnen anzuschließen, ließ er allein weitermarschieren. Auch an einem Würfelspiel sich zu beteiligen, wozu ihn ein paar junge Leute aufforderten, mit denen er auf einem Kirchenplatz am hellichten Tag in eine Unterhaltung geraten war, gelüstete ihn kaum, so wenig er der Aufforderung eines alten Weibes zu folgen Lust hatte, die ihn in einer stillen Straße zum Abendessen mit ihren beiden Töchtern von zwölf und vierzehn Jahren einlud, für das er nicht einmal etwas bezahlen sollte. Und das Wunderbarste von allem: er kümmerte sich kaum um die Sticheleien, mit denen ihn ein paar freche Burschen zu reizen dachten, die ihm außerhalb des Städtchens, das er eben verlassen, aufzulauern schienen. Freilich machten sie sich plötzlich von dannen, als er, die Hand am Degengriff, stehenblieb und die Augen groß und ernst, eher neugierig als erzürnt, auf ihnen ruhen ließ. All dies, Sticheleien, Aufforderungen, Blicke, Lockungen jeder Art waren machtlos, als verlören sie auf dem Wege zu seinem Herzen und zu seinem Hirn jeden Sinn und jede Kraft. Er war nicht gelaunt, auch nur im geringsten sich zu verschwenden; es war in ihm ein sicheres, wenn auch nicht völlig bewußtes Gefühl, daß, was seiner warten mochte, in einer unmißverständlichen, über alle Zweifel klaren Bestimmtheit sich würde zu melden wissen, ja daß, was er an jenem ersten Tag seiner Wanderung erlebt, nichts gewesen war als ein ungeheurer Schatten, den ein ihm vorbestimmtes Schicksal vorausgeworfen, damit es ihn im rechten Augenblick bereit fände. Diese sieben Tage, die er jetzt gewandert war, schienen ihm ein Morgenschlummer nach einem wüsten Traum, und was in diesem Schlaf ihm begegnet, war vielleicht noch weniger als jener Traum gewesen, in den aber schon aus der Wirklichkeit von ferne und immer näher Stimmen und Rufe hineinklangen. Es konnte nicht lange dauern, bis er ganz erwacht war.

Gegen Abend des siebenten Tages, nach einer vielstündigen, nur durch eine kurze Mittagsrast unterbrochenen Wanderung fand sich Anselmo, vom Hauptweg ohne Absicht abgekommen, auf einem Wiesenplan, der von Feldblumen, roten, weißen, blauen, üppig bewachsen war. Nicht einmal der schmale

Waldpfad, den Anselmo zuletzt gegangen, schien sich fortzusetzen, der Blumenteppich hatte ihn gleichsam eingeschlungen. Ebensowenig vermochte Anselmo zu sehen, wo dieser Pfad gegenüber sich fortsetzen sollte, denn eine wie undurchdringliche Wand von Bäumen richtete drüben sich auf. Zur Rechten sah er, doch in beträchtlicher Entfernung, eine Mauer, so grün umwachsen, daß er nur etliche Zinnen zu sehen vermochte, hinter denen er sich wohl ein Schloß und einen Park denken konnte. Ohne daß er ein bestimmtes Ziel vor sich gehabt hatte, war ihm doch zumute, als wäre er abgeirrt, und er schaute nach rückwärts, um dort den Pfad wieder zu entdecken, auf dem er hierher geraten war. Doch der blieb verschwunden. Wenn Anselmo sich dies auch in natürlichster Weise erklären konnte und so sicher er war, irgendwo einen Ausgang zu finden – daß der so weitgedehnte Raum ihn gleichsam gefangennahm, bedeutete ihm wenn auch keinen Zauber so doch ein Zeichen, das allerlei Deutungen zuließ, günstige oder böse, vielleicht beides, Einladung und Gefahr. Er vertraute seinen Ahnungen um so mehr, als sie aus Tiefen seiner Seele emportauchten, wo auch seine Erwartung und sein Wille wohnte. Er blickte um sich, als müßte von irgendwoher das Abenteuer oder gar das Schicksal kommen, das ihm zugedacht war. Er war so wunderbar bereit und begierig, daß er, nachdem er den Blick lange in die Runde hatte gehen lassen, auch die blumige Wiese nach allen Seiten mit seinen Augen streifte und endlich zum Himmel aufsah, als könnte am Ende irgendein Wunder auch von dort kommen. Doch alles blieb leer, unbewegt und überdies so still, daß Anselmo seinen eigenen Atem zu hören vermeinte. So viel Einsamkeit und Schweigen er auch schon in den letzten Tagen erlebt hatte – denn auch dies waren ihm Erlebnisse – diesmal war es etwas Besonderes, es bedeutete nicht allein sich selbst, sondern gab sich als ein Vorher kund. Er fühlte, ja er sah sich gleichsam wie auf einem ungeheuren Turnierplatz stehen und reckte sich unwillkürlich, als stünde er nach großen Kämpfen als einziger, ja als Sieger da, und er wußte selbst nicht, wie er sich dieses innere Gefühl erklären sollte, das doch nicht aus Taten kam, sondern aus seiner

Gebärde und seiner Haltung. Er stand eine Weile da, ohne seine Stellung zu ändern, so lächerlich er sie allmählich zu empfinden anfing. Doch jede Bewegung, jede Veränderung schien ihm nutzlos, wenn sie nicht irgendwelchen Zwecken diente. Und er war vorerst völlig unschlüssig, ob er bleiben und sich im Grase lagern oder ob er nicht lieber die Lichtung wieder verlassen sollte, nach welcher Richtung es auch wäre. Da gewahrte er plötzlich zu seiner Linken, wo der Wald niederer, ja eigentlich nur in Büschen stand, eine menschliche Gestalt hervortreten; es war ein alter weißbärtiger Mann in dunkelbrauner Kutte, der ihn vorerst nicht bemerkte, nach wenigen Schritten längs des Buschwerks wieder stehenblieb, sich ein wenig niederbeugte und, wie Anselmo sich ihm nähernd wahrnahm, einen irdenen Krug unter eine Brunnenröhre hielt, aus dem Kruge trank, sich dann auf den Rand des Brunnens setzte, aus seinem Sack ein Stück Brot nahm und aß. Jetzt, da Anselmo immer näher zu ihm herantrat, winkte er ihm so vertraulich zu, als hätte er ihn erwartet, und nun, da der Jüngling ihm einen guten Abend wünschte, bot er ihm einen Trunk an.

»Es ist freilich nur Wasser«, sagte er mit einer sehr dünnen, wie absterbenden Stimme, »aber so köstlich wie kein anderes im Land.«

Anselmo trank und wußte jetzt erst, wie durstig er gewesen war. Und auch müde, so sehr, daß er sich neben dem Brunnen ins Gras streckte.

»Ihr seid wohl auf dem Weg in die Hauptstadt und wollt Euch werben lassen?« fragte der Alte.

Jetzt erst war sich Anselmo bewußt, daß er in den letzten Tagen mancherlei gesehen und gehört hatte, was auf Möglichkeiten, ja auf beginnende Vorbereitungen eines Krieges hindeutete. Doch war derartiges wie alles andere, was seinem Weg ein sicheres Ziel gegeben und ihn zu einem bestimmten Entschluß genötigt hätte, an seinem Ohr nur vorbeigeklungen, ja er hatte es überhört, als könnte, ja dürfte es ihn fürs erste nicht kümmern. Heute aber fühlte er sich von der Frage des alten Mannes innerlich berührt, wie eben einer, der beim Erwachen eine Stimme hört, die anders schon in seinen Schlummer hineingeklungen war. Und mit allmählich steigender Teilnahme hörte er den Alten an, der erzählte, daß der Fürst selbst krank, ja, wie manche meinten, auf den Tod darniederläge, daß der Erbprinz wegen Mißhelligkeiten mit seinem Vater auf Reisen außer Landes gegangen und seit Monaten so gut wie verschollen war, daß ein Edelmann aus dem vor Jahrzehnten entthronten Herrschergeschlecht namens Silvio allmählich eine gefährliche Macht zu entfalten beginne, daß der Nachbarstaat, lange schon in bedenklicher Haltung, ohne eigentliche Kriegserklärung unverkennbar zu einem Angriff rüste. Erst in den letzten Tagen werde hier im Lande auch in aller Hast geworben und gerüstet, doch nicht einheitlich, sondern zugleich von verschiedenen Seiten, und es bestände Gefahr, daß die Truppen, statt sich gemeinsam gegen den äußeren Feind in Bewegung zu setzen, in zwei Parteien geteilt, sich brudermörderisch zerfleischen und so das Land dem Feind als leichte Beute überlassen könnten. »Was Ihr also vor allem tun müßt, junger Herr«, schloß der Alte, »das wäre, Euch zu entscheiden, auf welcher Seite Ihr Euch schlagen wollt.«

Anselmo vermochte weder dem Alten noch sich selbst eine Antwort zu geben. Auf welcher Seite das Recht war, wußte er nicht, und es war ihm gleichgültig, da er kein Urteil darüber hatte. Und es schien ihm unsinnig, daß er sich auf eine der beiden Seiten stellen mußte, um überhaupt an dem Kampf, wenn er ihn lockte, teilzunehmen. So antwortete er dem Alten: »Ich weiß zwar noch nicht, ob ich mich überhaupt auf eine Seite schlagen werde, denn mir ist, seit ich aus dem Tor meiner Stadt, ja meines Elternhauses als plötzliche Waise ins Freie getreten und nachdem ich sieben Tage gewandert, als wäre ich ein Fremdling und das Land sei nicht das meine und die Streitigkeiten gingen mich nichts an.«

»Ich kann es verstehen«, erwiderte der Alte. »Unser Land hat ja hundert Provinzen, die miteinander oft in Fehde liegen, und in bittereren, als sie sie gemeinsam gegen ein fremdes Land führen. Aber die Dinge stehen nun so, daß Ihr Euch als ein junger Mensch, um nicht von beiden Seiten allerlei Unangenehmes zu erleben, wohl werdet entscheiden müssen.«

»Wie soll ich das, würdiger Mann? Ich weiß nicht, auf welcher Seite das Recht ist, ob der Fürst der bessere ist oder jener Gegenführer. Sagt mir ein Wort über die beiden und vor allem, wem Ihr selbst wünscht, daß er Sieger bliebe.« In diesem Augenblick war ein Knacken und Krachen wie von brechenden und fallenden Zweigen vernehmbar. Und am Rande des Waldes, der Stelle ungefähr gegenüber, an der Anselmo aus dem Wald auf den grünen Plan getreten, war ein bewaffneter Reiter zu sehen. Er sprengte mitten ins Feld, hinter ihm zeigte sich ein zweiter Berittener, nach seiner geringen Tracht wohl ein Diener, der zugleich außer seinem eigenen Pferd ein reiterloses, gesatteltes am Zügel hielt.

Der erste mitten im Feld ließ sein Auge in die Runde schweifen. »Hier ist doch die Stelle«, rief er endlich, »aber ich sehe nichts, keine Mauer und kein Haus.« Jetzt gewahrte er den Mönch und Anselmo, und die Hand als Schalltrichter vor den Mund haltend rief er: »He, Ihr, wo ist denn hier das Haus des Geronte?«

»Nur näher heran«, erwiderte der Alte und winkte dem Reiter zu, denn seine Stimme war kaum vernehmbar. Der andere setzte sein Pferd in Galopp und war sofort bei ihnen, während der Knecht mit den beiden anderen Rossen weiter in der Mitte des Feldes hielt.

»Nun, wo ist es?« fragte der Reiter nochmals. Er trug ein dunkles Wams, im Gürtel stak ihm eine Pistole, dabei war er barhaupt, und sein schwarzes gesträubtes Haar verlieh dem wilden Antlitz einen drohenden Ausdruck.

»Seht nur näher hin«, sagte der Alte. »Hinter dem Rankenwerk verbirgt sich die Mauer.«

»Die Mauer seh ich, doch seh ich kein Tor«, rief der andere grimmig, als wäre der Alte daran schuld, daß er das Tor nicht sah.

»Hier gerade vor Euch«, erwiderte der Greis. »Ihr merkt es, daß hier durch das Rankenwerk grünlich goldener Metallglanz bricht.«

Auch Anselmo sah dies alles erst jetzt. Der Ritter war abgesprungen, hielt sein Pferd noch beim Zügel und mit der Rechten streifte er das Tor entlang. »Die Klinke!« rief er.

»Es gibt keine«, sagte der Alte. »Herr Geronte erwartet und empfängt meines Wissens keinen Besuch. Ich zum mindesten, obwohl ich es vor vielen Jahren selbst durchschritt – damals glänzte es noch goldener und lag frei – habe seit den vielen Jahren, da ich hier meinen Abendspaziergang zu machen pflege, das Tor niemals sich öffnen und niemanden, auch Geronte nicht, es durchschreiten gesehen.«

»Aufgetan«, brüllte der Ritter, der immer wieder – Anselmo wußte nicht warum – auf ihn böse Blicke warf.

Der Alte sagte: »Da haben schon manche gebrüllt, aber noch niemals hat es sich geöffnet.«

Der Reiter warf Anselmo die Zügel zu und schlug mit beiden Fäusten auf das Tor, daß es dröhnte. Anselmo hielt die Zügel und lachte: »Ihr seid von sonderbaren Sitten, Herr«, sagte er.

»Sonderbar oder nicht, es geht hier nicht um Sitte. Das ist ein Pferd aus des Königs Marstall. Macht Euch der Ehre würdig, den Zügel zu halten.« Wieder schlug er an das Tor. »Aufgetan – in des Fürsten Namen!«

Indes war der Reitknecht mit den beiden anderen Rossen herangekommen, und zugleich, über dem Rande des Tores, erschien das zerfurchte Antlitz eines Mannes und zwei Hände, die sich oben festhielten. Ohne ein Wort zu reden blickte er hinab auf den wilden Menschen, der mit den Fäusten an das Tor dröhnte.

»Ist dies das Haus des Geronte?« rief der Ritter hinauf.

»Und wenn es das wäre?« erwiderte das Antlitz über dem Tor.

»So öffnet!«

»Hier wird niemand eingelassen«, erwiderte das Antlitz.

»So schickt Euren Herrn heraus.«

»Herr Geronte verläßt Haus und Garten nicht seit Jahren.«

»So wird er sich einmal noch dazu bequemen müssen. Der Fürst liegt auf den Tod, Unruhe ist im Land, Gefahr droht von draußen, der Prinz ist weit, wir brauchen einen Herrn; schon regen sich Anwärter da und dort, nur daß der Fürst noch lebt, hält sie nieder. Gerontes prophetischer Wunderblick ist nicht vergessen. Er soll an das Lager des Fürsten treten und seinen Räten sagen, ob er verloren ist und wann er sterben wird.«

Das Antlitz, unbeweglich über dem Tor, erwiderte: »Längst übt Geronte seine Kunst nicht mehr aus. Hundert haben in diesen letzten Jahren, seit er sich in die Einsamkeit zurückgezogen, versucht, ihn durch Gold und Edelsteine, durch Flehen und durch Drohungen zu bestimmen, ihnen die Stunde ihres Dahinscheidens zu verraten. Nichts hat ihn dazu vermocht. Er wird auch diesmal den Wunsch nicht erfüllen.«

»Er wird, es ist der Fürst, es ist das Land, es ist der Staat, dessen Schicksal auf dem Spiel steht.«

»Das Schicksal von Fürst und Land und Staat kümmert ihn nicht. Es ist alles vergebens. Reitet zurück.«

Der Ritter schrie: »Lauft nicht zu rasch davon. Hört und hört mich gut an! Sagt Eurem Herrn, wenn er sich nicht fügt, so ist in weniger als einer Viertelstunde eine Schar von Bewaffneten zur Stelle. Sie sind auch gehörig mit Leitern und sonstigen Werkzeugen versehen, und wenn er auch dann sich widersetzen sollte, so wird – sagt ihm das – sein Kind, seine sechzehnjährige schöne Tochter Lucrezia, die er bis heute so gut zu verbergen und zu bewahren wußte, dem ersten Mann gehören, der über die Mauer klettert – und allen anderen auch.« Da verschwand mit einem Mal das faltige Antlitz über dem Tor, in der nächsten Sekunde schon taten die Flügel sich auf und schlossen sich gleich wieder hinter dem schwarzen Ritter, der unverzüglich eingetreten war. Anselmo aber gewahrte nun am Waldesrand schattenhaft, so daß es wohl auch eine Täuschung des Dämmerlichts sein konnte, eine Schar von Reitern.

Wirr und erregt von allem, was er gehört und gesehen, wandte er sich an den Alten. »Was bedeutet dies alles? Es kann doch nicht die Wahrheit sein, daß hinter diesen Mauern einer lebt, dem die Gabe zu eigen ist, den Menschen die Stunde ihres Todes vorherzusagen.«

»Es ist die Wahrheit.« Und da Anselmo ungläubig den Kopf schüttelte, fügte er hinzu: »Wenn Ihr ein wenig Geduld habt, so sollt Ihr die Bestätigung selber sehen und an keinem anderen als an mir. Ich bin der Letzte von sieben Freunden, denen Geronte vor fünfzig Jahren den Tod geweissagt, und an jedem hat sich die Prophezeiung genau zu der Stunde erfüllt, die Geronte bestimmt hatte. Ich allein bin noch übrig, und so fern trotz meines hohen Alters ich für Euer Aug dem Tod noch scheine, ich weiß, und durch nichts läßt es sich abwenden, daß ich heute um Mitternacht verlöschen werde, so wie es mir vor fünfzig Jahren prophezeit ward.«

Anselmo durchrieselte ein Schauer. Doch ehe er weiter fragen konnte, öffnete sich das Tor wieder, und der zuerst heraustrat, war ein hagerer Mann in schwarzem Talar und mit einem schwarzen Barett, unter dem weiße Haarsträhnen hervorquollen. Die Brauen aber waren tiefschwarz und die Augen des Hundertjährigen glühten mit dunkler Macht wie die eines Jünglings. Seine Stimme auch klang nicht wie die eines Greises, als er sich nach rückwärts wandte und einem zwerghaften Menschen zudonnerte, dem das verwitterte Antlitz zugehörte, das früher über dem Tor erschienen war: »Mit deinem Leben haftest du mir für Lucrezia.«

»Keine Sorge, Herr Geronte«, meinte der Ritter, »die Drohung galt nur für den Fall, daß Ihr mir nicht gefolgt wäret. Nun ist Eure Lucrezia so sicher, als umschlössen sie hundert Eisengitter.«

»Vorwärts denn«, rief Geronte. Der Reitknecht mit den beiden Rossen war zur Stelle, und der Hundertjährige schwang sich zu Anselmos Staunen wie ein Jüngling, ohne daß der Knecht den Bügel halten mußte, aufs Pferd, der Knecht auf das andere, der Ritter auf das seine, das Anselmo bisher noch am Zügel gehalten hatte. Doch ehe die Türe wieder zufiel, erschien zwischen den Flügeln in weißem wallenden Kleid ein Mädchen, dessen helles Antlitz dämmerdurchstrahlend zwischen dunklem Gelocke stand und rief angstvoll: »Wohin mein Vater, warum läßt du mich allein?«

»Ehe der Morgen graut, bin ich wieder da. Und du schließ das Tor, Zwerg.« Und im gleichen Augenblick war all das auch schon geschehen, der Zwerg und das Mädchen hinter den Flügeln verschwunden und die drei, Geronte, der Ritter, hinter ihnen der Reitknecht, davongesprengt, dem Waldrand entgegen, wo die Schattenschar der Reiter sie aufnahm, worauf alle im krachenden Gezweig verschwanden.

Aber in dieser Spanne Zeit, während die Flügel des Tores zufielen, hatten Anselmos und Lucrezias Blicke sich getroffen und aneinander entzündet, daß es wie glühende Funken in der Luft schwirrte, auch als das Tor schon zugefallen war. Zugleich mit dem letzten dumpfen Schlag des Tors war auch das Geklapper der Hufe verhallt, der Wald stand groß und finster, die weitgedehnte Wiese lag wie ein dunkler Teich, in dem die bunten Blumen gleich funkelnden Tropfen glitzerten. Und über Anselmos Haupt hing sternenlos und wolkenschwer der nächtliche Himmel. Und es war wie in weiter Ferne, ja wie aus einer anderen Welt, so nahe es klang, daß er die Stimme des Mönches hörte, dessen Dasein er schier vergessen hatte.

»Wir waren sieben«, sagte der und setzte seine Geschichte fort, als hätte ihm, was indes geschehen war, keinerlei Eindruck verursacht oder sei gar nicht gewesen, und als sei es dringend vonnöten, daß er dem fremden Jüngling Kunde gebe von seinem Schicksal und von dem, was ihm für diese Nacht noch bevorstand.

»Ich allein bin noch übrig von den sieben Freunden, denen Geronte die Stunde des Todes vor fünfzig Jahren vorausgesagt hat. Wir waren damals eine fröhliche Tafelrunde, und so sehr unsere Wege bei Tage auseinanderliefen, die Nacht fand uns immer wieder bei Trunk und Kurzweil aller Art zusammen. Auch die Weiber fehlten in unserer Gesellschaft nicht, manche gehörten nur einem, für eine Zeit wenigstens, andere jedem, der sie wollte, manchmal wurden sie auch getauscht nach Absicht und Zufall oder Leidenschaft, und so gab es bei allem Übermut und Leichtsinn auch manchen Streit und manche Wunde. Doch wie übel es sich zuweilen anließ, auch nach Drohung, Schimpf und

Fluch endete es mit Becherklang und Versöhnung. Nach einer bestimmten Nacht, sie liegt eben heute fünfzig Jahre zurück, kam, als der Morgen schon zu grauen anfing, die Rede auf den wunderbaren Geronte, der schon damals, man wußte kaum seit wie langer Zeit, in diesem gleichen Haus wohnte, das hinter diesen Mauern sich verbirgt. In seinen jungen Jahren, denn schon war er alt und er muß nun über hundert Jahre zählen, war er Arzt und Alchimist gewesen; eines Tages aber war er seiner Kunst und Wissenschaft überdrüssig geworden oder hatte sie gar vergessen und nichts war ihm geblieben als dies: den Kranken oder auch Gesunden, den Alternden, aber auch den Jungen aus irgendwelchen keinem anderen Menschen verständlichen oder nur merkbaren Zeichen, vielleicht aus dem Blick, aus dem Glanz des Haars, dem Ton der Stimme, dem Hauch des Atems die genaue Stunde ihres Todes vorauszusagen, ob der nun im Hintergrund der Zeiten wartete oder nahe bevorstand, ob ihr Los sich in natürlicher Weise durch Krankheit oder Greisentum, ob es durch einen Unfall, einen Zweikampf, durch Selbstmord, durch heimliches oder öffentliches Gericht sich erfüllen sollte. Hunderte, Tausende gingen so mit dem furchtbaren Wissen um die Stunde ihres Todes umher, wenn sie so töricht gewesen waren, Geronte zu fragen. Ja, diese Voraussagung war so untrüglich, daß sich die Wissenden zu anderer Zeit in die schlimmsten Gefahren begeben, sich ins Schlachtgewühl stürzen, im Bett eines Verpesteten schlafen, ja Gift trinken oder sich einen Dolch ins Herz stoßen konnten, ohne den Tod zu finden. Sie waren gefeit bis zu dem vorbestimmten Tag, bis zu der vorbestimmten Stunde.

In jener Nacht also, einer lockenden Frühlingsnacht, waren wir sieben Freunde und sieben Frauen ins Freie gewandert, um das Fest, das in einer Schenke begonnen, unter dem nächtlichen Himmel weiter zu feiern. Und der Zufall führte uns hierher auf diesen selben weiten Wiesenplan, wo wir uns eben befinden. Keinem von uns war diese Landschaft von früher her bekannt oder keiner erkannte sie wieder. Wir lagerten uns hin, berauschten uns an der Frühlingsluft, an dem süßen Wein, den wir reichlich mitgenommen und an den Umarmungen der Frauen. Es gab kein Besitzrecht, gab keine Wahl und keinen Widerstand in dieser Nacht, kein Band der Liebe und keine Sitte. Keine wußte wem und wie vielen sie angehört hatte und alle gehörten allen.

Beim Morgengrauen kam ein kühler Wind einhergestrichen, der uns aus dem dumpfen Schlummer weckte, in den wir gesunken waren, die Frauen aber mußten schon früher erwacht sein, denn wir sahen, wie sie, als hätte gemeinsame plötzliche Scham sie von unserer Seite davongetrieben, eine irrende Schar, aneinandergedrängt, im Waldesdämmer verschwanden. Wir Jünglinge aber sahen einander stumm an, in aller Augen war Haß und Rachebegier, denn jedem von uns war in dieser Nacht die Geliebte geschändet worden, jeder von uns war beleidigt, bestohlen und mit Schmach bedeckt. Und wir wären alle aufeinander losgestürzt, nicht mit den Fäusten, denn wir waren Edelleute, sondern mit dem Degen, und es hätte diesmal höchst blutig geendet, wenn nicht plötzlich das Tor dort drüben, wie heute, sich aufgetan hätte und der alte Geronte dagestanden wäre. Sein Anblick – Ihr werdet es vielleicht begreifen, da Ihr ihn heute gesehen habt – bewegte, ja erschütterte uns so sehr, als geschähe ein Wunder. Und es war auch eines. Denn ohne diese ungeheure Erscheinung wären unsere Degen aus der Scheide gefahren. Und es wird Euch nicht erstaunen, daß diesem geheimnisvollen und furchtbaren Menschen unsere dumpfe Lust, einander gegenseitig die Hälse abzuschneiden, nicht verborgen bleiben konnte. Er trat vor uns hin, als hätte er uns erwartet, und sprach zu uns, als meinte er, daß wir gekommen wären, wie so viele vorher, um von ihm zu erfahren, für welche Stunde jedem von uns das Ende bestimmt wäre. Und hatte auch keiner von uns an dergleichen gedacht, obwohl wir in der Sekunde vorher jeder bereit gewesen waren, dem anderen den Degen ins Herz zu stoßen und jeder auch sein Leben aufs Spiel zu setzen, so hätte doch mancher von uns sich gern davongestohlen, aber jung und töricht wie wir waren, scheute jeder sich, vor dem andern Angst zu verraten, und wie auf Verabredung nahmen wir Murontes Rede hin, als sei sie ganz nach unserm Sinn. Und als er nun mit großer Höflichkeit uns ins Haus lud, wo schon ein Imbiß bereit stehe, mit dem wir uns vor Empfangnahme seiner Weissagung zu stärken hätten, wie es hier üblich wäre, folgten wir ihm sofort, taten heiter und aufgeräumt, mancher übermütig und gar nicht erstaunt, als wir drin in einem keineswegs prächtigen, aber geräumigen Saal den Tisch gedeckt und mit allen erdenklichen Leckerbissen zugerüstet fanden. Geronte hieß uns Platz nehmen, ging als gefälliger Hausherr zwischen uns auf und ab, nötigte uns zum Essen und Trinken, fragte jeden nach Herkunft, Geschäften und Plänen, und allmählich aus unseren durch die Geschehnisse der verflossenen Nacht halb verwirrten und zerrütteten Sinnen tauchten wir gleichsam zu einer lauen, nüchternen Morgenstimmung empor. Das Wesen des Geronte wandelte sich aus dem Unheimlichen ins Ehrwürdige, ja Väterliche, und es hatte durchaus den Anschein, als wäre das Ganze nur auf einen lehrhaften Spaß abgesehen gewesen und er würde uns aus seinem behaglichen kleinen Haus, das er völlig allein zu bewohnen schien, unbelastet in unser junges Dasein entlassen. Doch als wir uns nach dem genossenen Frühstück erhoben hatten und uns mit Dank und Gruß entfernen wollten, reichte er jedem die Hand, und bei diesem Händedruck, keineswegs düster oder drohend, mit einem Blick in unsere Augen, nannte er ruhig eine Stunde zugleich mit Tag, Monat und Jahr – und jeder von uns wußte, daß ihm damit die Stunde seines Todes war verkündet worden.

Nun, ich will euch nicht mehr erzählen, wie wir das Haus verließen, was sich an diesem Tage weiter begab, wie die verschiedenen Lebensläufe sich gestalteten, wie Ungläubigkeit und Schauer, Übermut und Gleichgültigkeit, Auflehnung bei jedem wechselten – ich will euch nur sagen, daß es bei jedem von uns sieben auf die Sekunde eintraf, wie Geronte prophezeit hatte. Der eine, dies war der erste, stürzte sich bei einem Spaziergang über eine Baumwurzel zu Tode, der andere starb nach langer Krankheit, der dritte fiel im Krieg, der vierte ward von seinem Weib vergiftet, der fünfte ging an der Pest zugrunde, der sechste, der immer auf ewiger Flucht vor seinem Schicksal sich befand, starb in der Fremde und, wie ich später hörte, genau zur vorausgesagten Stunde. Ich allein bin noch übrig, ich habe nur mehr bis Mitternacht zu leben, nicht eine Sekunde mehr noch weniger. Und es wäre immerhin möglich«, doch lächelte er dazu, »daß Ihr zu meinem Mörder bestimmt seid.«

Damit schloß er unbewegt, als wenn er nicht von sich, sondern von einem anderen gesprochen hätte, oder wenn das Ganze erfunden wäre. Aber wenn Anselmo sich erinnerte, was er selbst mit angesehen, von der Ankunft des schwarzen Reiters an bis zu dessen Davonsprengen in Gerontes Gesellschaft – was doch kein Traum gewesen sein konnte, so verschlossen und unwirklich nun auch die Mauer vor ihm lag –, so konnte er doch an der Wahrheit dessen, was der Alte ihm erzählt, und an der Gewißheit von dessen baldigem Hinscheiden nicht zweifeln. Und so viele Fragen sich ihm auf die Lippen drängten, er vermochte, er wagte es nicht, irgendeine an diesen Greis zu richten, in dessen durch die Nähe des Todes verklärter Gegenwart er selbst in seiner Jugend, seiner Neugier, seiner Lebendigkeit sich seltsam unwürdig, töricht, ja unrein vorkam. Hier zu bleiben und als zufälliger Fremder dem Hinscheiden des Greises beizuwohnen, es abzuwarten – oder sich zu entfernen mit oder ohne Abschied, schien ihm in gleicher Weise unmöglich.

Die innere Unschlüssigkeit und die völlige Unfähigkeit, nur ein Wort zu finden, das er nun zu dem Alten sprechen könnte, wurde quälend, und erstaunlich, doch auch erlösend, ja beglükkend war es, als er plötzlich jenes Tor, das vor einer Stunde so unweigerlich sich geschlossen, sich leise öffnen sah. Es war nur ein schmaler Spalt, aber groß genug, um wie in einem Rahmen das schöne Mädchen einzuschließen, das Gerontes Tochter sein sollte. Ihr Erscheinen an sich schon, ohne daß ein Wink, ein Ruf erfolgt wäre, bedeutete nach jenem Blick vorher, in dem sich ihre Seelen gefunden hatten, Glück und Schicksal. Mit fliegendem Schritt über die Wiese hin, den Greis und dessen vorbestimmtes Los, Wiese und Wald, die Sicherheit des nächsten Augenblicks, ja, wie er fühlte, die ganze Zukunft hinter sich werfend, war er bei ihr. Das Tor schloß sich hinter ihnen und wortlos, einander umschlungen haltend, als seien sie von Anbeginn der Zeiten einander anverlobt, gingen sie, schwebten sie durch den Garten, der in Millionen Blüten mondbeschienen stand, an das Haus heran, das hell und zierlich sie empfing. Eine schmale niedere Treppe führte sie in einen hellen hohen Raum, der rings von weißen Vorhängen umwallt, als wäre er zu zart, daß starre Wände ihn umschließen dürften, von schimmerndem, quellverborgenem Licht umglänzt, mit dem breiten weißen Ruhebett zum Brautgemach wie vorbestimmt erschien. Es war nicht anders, als hätte Lucrezia bisher nur gelebt, um Anselmo zu erwarten, und als wäre Anselmo nur darum auf die Wanderschaft gegangen, um sie zu finden. Sie vergaßen die ferne wie die nahe Welt und sanken einander in die Arme.

Wie eins des andern Atem, eins des andern Lippen, so tranken sie zuerst nur eines des andern Stimme ein, allmählich erst wurden Laute, Worte daraus, und da ihre Seelen so unaufhaltsam ineinander verrannen, wie es ihrem Blut geschehen war, wußten sie bald alles von einander, was ihnen von Bedeutung war: sie, daß Anselmo, plötzlich verwaist, vor wenig Tagen erst seine Heimat verlassen und nach nichtigen Erlebnissen einem hohen unbekannten Los entgegenzog – er, daß Lucrezia, so lange sie dachte, in diesem Haus allein mit ihrem Vater Geronte lebte, sich ihrer Mutter nicht erinnerte, niemals über die Grenzen dieses Parks hinausgekommen war, von dessen Ausdehnung sie freilich sprach, als wäre er eine Welt. Der Vater, dem sie alle Liebe entgegentrug, die andere Väter mit einer Mutter, mit Gespielinnen und Gespielen zu teilen pflegen, hatte sie von Kindheit auf in allem unterwiesen, was sonst einer Schar von Lehrern und Erziehern überlassen bleibt, nicht nur in den alltäglichen Gegenständen, wie man sie Mädchen beizubringen pflegt, auch in Sprachen, in der Geschichte der Welt, in der Sternenkunde, sie wußte von Recht und Unrecht, von Liebe und von Tod, vom Zweifel und vom Glauben, überdies war sie auch in allen ritterlichen Künsten des Leibes von ihm unterwiesen worden, und sie erzählte von Spazierritten an des Vaters Seite durch den Park, als wären es ungeheure Strecken, die sie mit ihm durchmessen, und von ihren Fechtübungen mit ihm, als gäbe es kein köstlicheres Spiel, als mit dem alten Mann die Degen zu kreuzen. Sie wußte wohl von der Welt, die jenseits der Mauern lag, doch kaum anders, als Menschen von der Unendlichkeit der Sternenwelt wissen, die ihnen doch verschlossen bleibt, und nicht mit größerer Sehnsucht. Doch wußte sie von ihrem Vater auch, dem sie glaubte wie einem über alles geliebten Lehrer, daß ihr Leben hier immer nur Vorgeschmack und Vorgefühl des geheimnisvoll wirklichen Lebens und der Menschen in der Welt bedeute und daß eines Tages, der nicht fern sein sollte, das Tor, durch das sie mit Anselmo eben eingetreten, sich weit auftun und das Dasein seinen Anfang nehmen würde. Geronte wußte den Tag, denn es war der seines Todes, der für ihn selbst kein Geheimnis war, wie keines Menschen Todesstunde, den er aber der eigenen Tochter nicht verriet.

»So weiß er auch den deinen?« fragte Anselmo in seltsamer Angst.

»Den weiß er nicht, gerade den meinen nicht. Denn so unfehlbar sein Blick in die Augen eines Menschen ihm verrät, wann für diesen das Ende kommen wird, das Auge eines Menschen, den er liebt, bleibt ihm stumm. So starb ihm auch meine Mutter und manche wohl, die er vor ihr geliebt, ohne daß er darauf gefaßt war. Darum bin ich heute das einzige Wesen auf der Welt, für das er wirklich bangt. Denn überall und immer sieht er Gefahr für mich, von der er nicht ahnt, wo und wann sie lauert.«

»Ist's darum, daß er dich so eingeschlossen hält? Glaubt er damit alle Gefahr von dir abgewendet?«

»Ob er dies nun glaubt oder nicht und ob er damit recht hat oder nicht, ich sehne mich nicht nach dem Tage, der mich aus dieser Umschlossenheit befreit, denn es wird ja der Tag seines Todes und der ewigen Trennung von ihm sein.«

»Nein, Lucrezia, er glaubt, ja er weiß vielmehr, daß der Tag seines Todes es sein wird, der dir diesen Kerker – denn es ist einer – öffnet, weil eben erst sein Tod dir die Freiheit gibt.«

»Ist es nicht dasselbe, Anselmo, da ich doch um keinen Preis der Welt, so lange er lebt, freiwillig dieses Haus verließe?«

»Auch nicht, wenn ich dich mit mir nehmen wollte?«

»Wenn du es auch wolltest, Anselmo, ich ginge nicht mit dir.«

»Du würdest mich also wieder davongehen lassen mit der Gewißheit, daß du mich niemals wiedersehen wirst?«

»Ich liebte dich im Augenblick, da ich dich zum ersten Mal sah und wußte, daß ich dir gehören müsse. Aber ich dachte und denke nicht daran, dich zu halten.«

»Und wenn ich mich entschließen könnte, hier zu bleiben, wo du bist, mit dir –«

Sie lächelte zum ersten Mal. »Du bist nicht geschaffen zu bleiben, wo es auch sei, und wärst du es, so hätte ich dich nie geliebt.«

»Und du liebst mich so wenig, daß du es vermöchtest, mich nach dieser Nacht davonzuschicken?«

»Damit du mich weiter liebst, dein Leben lang, wie ich dich lieben werde mit Sehnsucht, die nie erlischt.«

Der Augenblick war zu groß, als daß Anselmo ein Wort ihr hätte erwidern können, in dem nur ein Hauch von Liebe war. Und so sagte er nur, im Innersten ergriffen: »Du hast nicht gelebt bis heute? Niemanden gesprochen und gesehen und weißt so viel von Männer- und Frauenseelen?«

»Mein Vater ist Geronte«, erwiderte sie. »Seine Worte sind der Spiegel der Welt und durchsichtiger, klarer als alle Erfahrung und alles Geschehen. Und nun ist es Zeit, daß wir scheiden.«

Immer rätselvoller wurde ihm Lucrezia und völlig unfaßbar, daß in einem Märchenaug' zugleich solche Zärtlichkeit und so viel Entschlossenheit des Abschieds stehen konnte, und nie hätte er gedacht, daß er um ein Wesen, das er eine Nacht lang besessen und das er nun verlassen mußte, solchen Schmerz empfinden sollte. Aber er war zu stolz, als daß eine Bitte den Weg aus seiner Seele auf seine Lippen gefunden hätte. Er tat sein Gewand an, gürtete den Degen um und war bereit zu gehen. Sie aber warf einen Mantel um ihr Nachtgewand, öffnete die Tür und, ihre Hand in der seinen, geleitete sie ihn in den Garten, der im Morgendämmer lag. Auf der Zinne über dem Tor saß rittlings der Zwerg, ein tausendfaltiges Grinsen um den Mund.

»Was machst du da oben?« rief Lucrezia. Und zu Anselmos Staunen ohne irgendein Anzeichen von Ärger oder Schreck.

»Ich luge aus«, sagte er, »ob Geronte nicht zurückkommt. Es wäre ihm nicht lieb, einen jungen Herrn bei sich im Haus zu finden, und es könnte Euch so übel ergehen wir mir, der nun wohl sein Leben verwirkt hat. Oh, greift nicht nach Eurem Degen, der würde Euch wenig helfen gegen Geronte.«

Und er ließ sich längs der Mauer herab, ja er schien herunterzuschweben, ohne sich irgendwo festzuhalten. Und nun stand er da wie ein Wachthaltender mitten vor dem Tor.

»Öffne«, sagte Lucrezia. »Laß den Jüngling gehen.«

»Zu spät«, sagte der Zwerg, »eben habe ich von oben noch Geronte heransprengen sehen.« Und zu Anselmo: »Ich rate Euch, edler Herr, Euch eilends im Park zu verbergen. Es findet sich bald Gelegenheit, Euch herauszulassen.«

Anselmo schüttelte den Kopf. »Ich erwarte Herrn Geronte hier am Tor, um – im Augenblick, da er hereintritt – Lucrezia zum Weibe zu begehren.«

Noch ehe Lucrezia etwas erwidern konnte, war selbst auf dem weichen Wiesengrund dumpf das Heransprengen eines Pferdes zu hören, und der Zwerg öffnete das Tor, ohne ein Pochen abzuwarten. Anselmo sah noch, wie Geronte ohne jede Hilfe vom Pferde sprang, die Zügel dem Zwerg übergab und, vorerst anscheinend ohne auf Lucrezia und den fremden Jüngling acht zu haben, sprach: »Sorge für das Tier. Sechs Stunden lang ist es auf dem Weg und hat während dieser Zeit nur eine halbe Stunde gerastet: so lange bin ich im fürstlichen Schloß gewesen, so lange stand ich am Totenbett des Fürsten. Er hat seine Seele ausgehaucht, im Augenblick als ich das Zimmer betrat, das Land ist ohne Herrn, in den Straßen der Stadt fechten die Edelleute und die Bürger gehen mit Stöcken aufeinander los. Schlimme Zeit bricht an.«

In diesem Augenblick erst schien er Anselmo und Lucrezia zu gewahren, doch veränderte sich seine Miene nicht im geringsten. Er öffnete die Arme und Lucrezia sank ihm an die Brust. Geronte aber wandte sich zugleich an Anselmo. »Ich sah Euch gestern abend, als ich fortritt. Ich danke Euch, daß Ihr mein Haus und meine Tochter in Eure Hut genommen habt, da dieser« – er wies verächtlich auf den Zwerg – »so wenig seiner Aufgabe gewachsen war. Fort mit dir!« Seine Miene jagte ihn davon. Und der Zwerg, das Pferd am Zügel, trollte sich.

Der uralte Mann, der seine Tochter immer noch in den Armen hielt, und diese Tochter, für die Anselmo nicht der Geliebte der vergangenen Nacht, kaum noch ein lebendiger Mensch, ja fast ein Luftgebild zu sein schien, beide waren ihm so unbegreiflich, daß ihm die Worte nichtig, wenn nicht gar lächerlich erschienen, die er doch eben noch entschlossen war an Geronte zu richten. Vielleicht hätte er jetzt ohne Gruß sich einfach entfernen können, vielleicht war es gerade das, was man von ihm erwartete. Aber auch in dieser Weise fortzugehen, erschien ihm unmöglich und er stand da, unschlüssiger, geringer, knabenhafter in alle seiner Männlichkeit, als er es je gewesen.

Geronte und Lucrezia standen abgewendet von ihm, und schon hatte es den Anschein, als wollten sie beide sich entfernen, ohne sich um Anselmo zu kümmern, da richtete mit einer halben Wendung Geronte plötzlich das Wort an ihn:

»Ihr habt heute vermutlich noch einen weiten Weg vor Euch, und ob Ihr je wieder hier vorbeikommen werdet, ist keineswegs gewiß. Wollt Ihr Euch nicht vor Antritt Eurer Wanderung stärken?«

Anselmo warf einen Blick auf Lucrezia, denn er konnte nicht anders denken, als daß etwas Höhnisches oder gar Hinterlistiges gegen ihn geplant sei. Doch Lucrezia nickte sehr freundlich zu des Vaters Worten und sagte einfach, als wäre Anselmo jetzt eben erst in den Garten getreten: »Ihr seid willkommen.«

Dies aber erbitterte Anselmo, daß die Frau, die er heute nacht gewonnen, zu ihm reden konnte wie zu einem gleichgültigen

Gast, und noch empörter war er darüber, daß Geronte sich nicht so zu ihm verhielt, wie Anselmos Meinung nach ein Vater dem Manne gegenüber tun mußte, der ihm die Tochter verführt, so als sei er kein Edelmann, ja überhaupt kein Mann, nicht einmal einer, den man niederschlägt.

Und so sprach er: »Herr Geronte, ich kann dieses Haus nicht betreten und Ihr als Edelmann könntet mich nicht empfangen, wenn ich diese Schwelle nicht als Verlobter Eurer Tochter Lucrezia überschritte.«

»In diesem Falle«, sagte Lucrezia schnell, als käme es darauf an, dem Vater das Wort aus dem Munde zu nehmen, »in diesem Falle werdet Ihr, so sehr ich es bedaure, wohl draußen bleiben müssen.«

Anselmo nach seiner knabenhaft ungestümen Art griff nach dem Degen, so töricht ihm selbst die Gebärde schien, und doch war es die einzige Art, in diesem Augenblick seine Männlichkeit zu behaupten. Und er sagte: »Nach Eurem Belieben. Ich habe nicht geahnt, daß ich heute nacht bei einer Dirne zu Gaste war.«

Er wußte, daß er in diesem Augenblick im Gefühl seiner Ritterlichkeit das unritterlichste Wort gesprochen, das jemals ein Liebender über seine Lippen gebracht, er wußte es so sehr, daß er sich zugleich vollkommen bereit fühlte, dem Degen des Alten sein gequältes Herz zu bieten. Und er hielt seine Waffe noch in der Scheide, als Geronte die seine schon zum Ausfall gezückt hatte. Doch in dem gleichen Augenblick, das tödlich blitzende Aug unter den weißen Brauen wie einen Dolch in Anselmos Aug gebohrt, ließ er den Degen wieder sinken, und sein Blick verschleierte sich seltsam.

»Stoß zu«, rief Anselmo und legte sich in Parade, um damit zu künden, daß er zur Verteidigung bereit sei.

Doch Geronte schüttelte den Kopf und sagte: »Zieh in Frieden, uralter Jüngling.«

Anselmo sah Lucrezias Blick auf den Vater gerichtet, angstvoll zum ersten Mal. Anselmo aber hatte verstanden, was die Anrede Gerontes zu bedeuten hatte.

»Vollendet Euren Sieg«, sagte er, »da Ihr doch in meinem Aug schon gelesen habt, daß ich verurteilt bin.«

»Du bist es wohl«, sagte Geronte, »aber nicht für diese Stunde.«

»Es liegt doch nur an Euch«, rief Anselmo und riß sein Wams auf. »Macht ein Ende.«

»Und wenn ich dir jetzt den Degen ins Herz bohrte«, sagte Geronte, »du hauchst deinen Atem doch erst heute über ein Jahr zur selben Stunde aus.«

Lucrezia stürzte an Anselmos Hals. »Bleib«, sagte sie, »und verzeih mir.«

Anselmo wehrte sie ab, und da sie sich heftiger an ihn drängte, stieß er sie von sich fort. Er sprach kein Wort, richtete sich mächtig auf und wandte sich zu gehen, ohne noch mit einem Blick Geronte und Lucrezia zu grüßen. Eine Sekunde lang hoffte er, so unmöglich er es wußte, daß ein Wort der Liebe, der Gnade an sein Ohr dringen werde, doch was er hörte war nur, daß das Tor sich hinter ihm schloß, und schon stand er im Freien, auf dem weiten Wiesenplan, im Licht der Morgensonne, einsam wie er es noch nie gewesen, ein Geheimnis hinter sich zurücklassend, vor sich ein größeres. Tautropfen glitzerten auf jedem Grashalm, die Blumen leuchteten in bunten Farben. Drüben am Brunnen lag wie schlafend ein Mönch, doch Anselmo wußte, daß der Mann tot war. Ungerührt warf er einen flüchtigen Blick auf den Leichnam und wanderte weiter durch den duftenden Frühlingstag, dem Tod entgegen – wie jeder Wanderer durch jeden Frühlingstag und jeden Herbsttag, der Fröhliche so gut wie der Düstere, der Junge wie der Alte, der Zaghafte wie der Kühne, der Verzweifelnde wie der Hoffende, der Gesunde wie der Genesende, wie jeder dem Tod entgegenwandert – und doch meinte er der einzige zu sein, dem solches Ziel gesetzt ist. In diesem Augenblick, unter allen Menschen, war er der einzige Sterbliche, denn er kannte seine Stunde.

Über den weiteren Verlauf der Erzählung
liegt folgende Skizze vor:

»Doch Geronte hat alles durchschaut. Er hat dem Anselmo den Tod prophezeit, um zu sehen, wie er sich in diesem Jahre bewähren wird, ob er Lucrezias würdig ist. Er selbst folgt ihm und läßt Lucrezia unter der Obhut des Gärtners zurück.

Indes naht der Prinz unerkannt seinem Land. Die Nachricht von des Königs Erkrankung hat ihn erreicht, er will sein Erbe übernehmen.

Er sendet Ferondo in die Stadt, um zu erfahren, wie die Dinge dort stehen. Insbesondere ob Silvio, der langjährige Minister, tatsächlich auf den Thron aspiriert. In diesem Falle wäre dem Prinzen der Tod gewiß, sobald er sich in der Stadt zeigte. Daher Vorsicht.

Ferondo geht.

Der Prinz bleibt zurück, Anselmo erscheint in sehr düsterer Stimmung. Es kommt zu einem Wortwechsel, zu einem Gefecht, in dem der Prinz fällt. Der Prinz rät Anselmo zu fliehen, doch er bleibt. Silvio kommt mit seinen Getreuen. Der König ist tot. Da der Prinz nicht zurückgekehrt ist, übernimmt er die Regierung. Er muß es um so mehr tun, als der Krieg an der Grenze droht.

Gegnerschaft gegen Silvio in seinen eigenen Reihen.

Ferondo zeigt sich: der Prinz ist auf dem Weg hierher.

Anselmo: Der Prinz kehrt nicht wieder, ich habe ihn getötet.

Silvio will ihn gefangensetzen lassen. Seine Gegner machen Anselmo als den Würdigsten, den, der stärker war als der Prinz selbst, zum Führer.

(Vielleicht ist es der sterbende Prinz, der ihn dazu vorschlägt.)

In der Menge sieht man auch Geronte.

Anselmo gewahrt ihn, läßt vor allem ihn gefangensetzen (blenden?): Der Blick dieses Menschen bringt Gefahr, er soll nicht mehr die Möglichkeit haben, den Tod zu prophezeien und dadurch die Seele eines Menschen zu zerstören.

Anselmo zieht an der Spitze des Heeres in den Krieg, kehrt als Sieger zurück.

Die verwitwete Königin will ihn, den Mörder ihres Sohnes, nicht sehen. Er hat sich im Kriege herrlich gehalten, hat dem Tod seine Geheimnisse abgefragt.

Begegnung mit der Königin in der Gruft. Ein Fest, das gefeiert wird.

Alle Lust wird ihm zu nichts.

Sein Gespräch mit dem zum Tod Verurteilten, der noch hofft.

Er und der Kopf des gerichteten Silvio.

Die Pest ist ausgebrochen, sie verschont ihn.

Er erhält die Nachricht, daß Lucrezia ein Kind von ihm hat.

Er hat vorher Gift genommen, da der Tag seines Todes herannaht und er, je näher ihm der Tod kommt, immer um so weniger die Kraft hat ihn zu erwarten.

Er kommt zu Lucrezia, läßt – auf ihre Bitte – den noch immer gefangenen Geronte holen.

Geronte kommt, hat erfahren, wie Anselmo sich als Fürst, als Held usw. bewährt, sagt ihm, daß die Prophezeiung falsch war. Geronte hat immer nur die Gabe besessen, Unbekannten zu weissagen. Sobald sein Herz von Liebe oder Haß verwirrt war, verläßt ihn diese Gabe. Doch wie er den Anselmo bei Lucrezia traf, war er von Haß gegen ihn erfüllt, und so konnte er auf dem Grund seines Auges nicht schauen, was er bei anderen Menschen zu schauen vermochte.

Es ist zu spät, das Gift wirkt, Geronte hat doch richtig prophezeit, Anselmo stirbt an dem prophezeiten Tage.«

Der Sekundant

Ich war damals dreiundzwanzig Jahre alt, und es war mein siebentes Duell – nicht mein eigenes, aber das siebente, an dem ich als Sekundant teilnahm. Lächeln Sie meinetwegen. Ich weiß, es ist in unserer Zeit üblich geworden, sich über derartige Veranstaltungen lustig zu machen. Man tut nicht recht daran, meine ich, und ich versichere Sie, das Leben war schöner, bot jedenfalls einen edleren Anblick damals – unter anderem gewiß auch darum, weil man es manchmal aufs Spiel setzen mußte für irgend etwas, das in einem höheren oder wenigstens anderen Sinn möglicherweise gar nicht vorhanden oder das wenigstens den Einsatz, nach heutigem Maß gemessen, eigentlich nicht wert war, für die Ehre zum Beispiel, oder für die Tugend einer geliebten Frau, oder den guten Ruf einer Schwester, und was dergleichen Nichtigkeiten mehr sind. Immerhin bleibt es zu bedenken, daß man im Laufe der letzten Jahrzehnte auch für viel Geringeres völlig nutzlos und auf Befehl oder Wunsch anderer Leute sein Leben zu opfern genötigt war. Im Zweikampf hat doch immer das eigene Belieben mitzureden gehabt, auch dort, wo es sich scheinbar um einen Zwang, um eine Konvention oder um Snobismus handelte. Daß man überhaupt mit der Möglichkeit oder gar der Unausweichlichkeit von Duellen innerhalb eines gewissen Kreises wenigstens rechnen mußte, das allein, glauben Sie mir, gab dem gesellschaftlichen Leben eine gewisse Würde oder wenigstens einen gewissen Stil. Und den Menschen dieser Kreise, auch den nichtigsten oder lächerlichsten, eine gewisse Haltung, ja den Schein einer immer vorhandenen Todesbereitschaft, wenn Ihnen dieses Wort auch in solchem Zusammenhang doch allzu großartig erscheinen sollte.

Aber ich schweife ab, noch ehe ich angefangen habe. Ich wollte Ihnen ja die Geschichte meines siebenten Duells erzählen, und Sie lächeln wie vorher, weil ich wieder von meinem Duell spreche, obwohl ich doch, wie es nun einmal meine Bestimmung war, auch in diesem Fall nur Zeuge, aber nicht Duellant gewesen bin. Schon mit achtzehn Jahren, als Kavalleriefreiwilliger, war ich zum ersten Male Sekundant in einer Ehrenaffäre zwischen einem Kameraden und einem Attaché der französischen Gesandtschaft. Bald darauf wählte mich der berühmte Herrenreiter Vulkovicz zu seinem Sekundanten in dem Duell mit dem Fürsten Luginsfeld und auch weiterhin, trotzdem ich weder Adeliger noch Berufsoffizier, ja sogar jüdischer Abstammung war, wandte man sich ganz besonders in schwierigen Fällen, wenn man eines Sekundanten bedurfte, mit besonderer Vorliebe an mich. Ich will gar nicht leugnen, daß ich es zuweilen ein wenig bedauerte, diese Dinge immer nur sozusagen als Episodist mitzumachen. Recht gern wäre ich einmal selbst einem gefährlichen Gegner gegenübergestanden und weiß nicht einmal, was ich im Grunde vorgezogen hätte – zu siegen oder zu fallen. Aber es kam niemals dazu, obzwar es wahrlich nicht an Gelegenheiten fehlte und, wie Sie sich wohl denken können, an meiner Bereitwilligkeit niemals der geringste Zweifel bestand. Vielleicht war übrigens das mit ein Grund, daß ich niemals eine Forderung erhielt, und daß in den Fällen, wo ich mich zu fordern genötigt sah, die Angelegenheiten stets ritterlich beigelegt wurden. Jedenfalls Sekundant war ich mit Leib und Seele. Das Bewußtsein, gewissermaßen mitten in ein Schicksal oder besser an die Peripherie eines Schicksals gestellt zu sein, hatte stets etwas Bewegendes, Aufrührendes, Großartiges für mich.

Dieses siebente Duell aber, von dem ich Ihnen heute erzählen will, unterschied sich von allen meinen andern, früheren und späteren dadurch, daß ich von der Peripherie gleichsam in den Mittelpunkt rückte, daß ich aus der Episodenfigur eine Hauptperson wurde, und daß bis zum heutigen Tage kein Mensch von dieser sonderbaren Geschichte etwas erfahren hat. Auch Ihnen mit Ihrem ewigen Lächeln hätte ich nichts davon erzählt, aber da Sie ja in Wirklichkeit gar nicht existieren, so werde ich Ihnen auch weiterhin die Ehre erweisen, zu Ihnen zu reden, junger Mann, der immerhin so viel Takt besitzt, zu schweigen.

So ist es auch ziemlich gleichgültig, wie und wo ich anfange. Ich erzähle die Geschichte, wie sie mir in den Sinn kommt, und beginne bei dem Augenblick, der mir zuerst in den Sinn kommt, also in dem, da ich in Gesellschaft des Doktor Mülling in den Zug stieg. Nämlich, um keinerlei Mißtrauen zu erregen, vor allem bei der jungen Gattin Eduards, verließen wir schon Montag vormittag den Villenort am See, ja, wir trieben die Vorsicht so weit, am Schalter Billetts bis Wien zu nehmen, stiegen aber natürlich in dem Bahnhof des Städtchens aus, wo am nächsten Morgen das Duell stattfinden sollte.

Doktor Mülling war ein langjähriger, fast gleichaltriger Freund Loibergers, fünfunddreißig etwa. Was mich anbelangt, verdankte ich die Ehre, zum anderen Zeugen auserwählt zu sein, außer meiner schon erwähnten allgemeinen Eignung dazu, dem Umstand, daß ich meine Ferien in der gleichen Sommerfrische verbrachte wie Loiberger und in seiner Villa ziemlich oft zu Gast war. Sonderlich sympathisch war er mir nie gewesen, aber das Haus war gesellig, viele angenehme Menschen gingen aus und ein, es wurde musiziert, Tennis gespielt, gemeinsame Ausflüge und Ruderpartien wurden unternommen, und endlich war ich dreiundzwanzig Jahre alt. Als Ursache des Duells war mir ein Wortwechsel angegeben worden zwischen Eduard Loiberger und dem Gegner, dem Ulanenrittmeister Urpadinsky. Den kannte ich kaum. Sonntags war er am See gewesen, besuchsweise aus seiner Garnison, offenbar nur zum Zwecke jenes Wortwechsels, der als Vorwand für das Duell dienen sollte, aber im Jahr vorher hatte er den ganzen Sommer mit seiner Frau hier verbracht.

Die Erledigung der Angelegenheit war den beiden Herren offenbar sehr eilig. Die Besprechung zwischen den Sekundanten hatte schon am Sonntag abend, wenige Stunden nach jenem Wortwechsel, und zwar in Ischl stattgefunden. Mülling und ich waren von Loiberger angewiesen, die Bedingungen der gegnerischen Sekundanten ohne Widerrede zu akzeptieren; sie waren schwer. Also am Montag kamen Mülling und ich in der kleinen Stadt an.

Wir besichtigten vor allem das Terrain, das zu dem Rendezvous-Platz für morgen bestimmt worden war. Auf einer kleinen Spazierfahrt, die sich daran schloß, sprach Mülling von seinen Reisen, längst verflossenen Universitätsstudien, Studentenmensuren, Professoren, Prüfungen, Villenbauten, Meisterschaften im Rudersport und allerlei zufälligen gemeinsamen Bekannten. Ich stand damals vor meinem letzten Staatsexamen. Mülling war ein schon recht bekannter Anwalt. Von dem, was für morgen bevorstand, redeten wir wie auf Verabredung kein Wort. Von den Gründen des Duells wußte Doktor Mülling zweifellos mehr, als er mir anzuvertrauen für gut fand.

Am Abend kam Eduard Loiberger an. Er hatte seinen Sommeraufenthalt unter dem Vorwand geplanter Klettertouren in den Dolomiten unterbrochen, wozu eben jetzt ein wundervolles Augustwetter glaubwürdigen Anlaß bot. Wir begrüßten ihn harmlos und brachten ihn in den altberühmten Gasthof auf dem Marktplatz, wo wir ihm das beste Zimmer hatten reservieren lassen. Wir nahmen zusammen im Gastzimmer das Abendessen, plauderten angeregt, tranken, rauchten und fielen in keiner Weise auf, auch nicht den paar Offizieren, die an einem Tisch in der gegenüberliegenden Ecke saßen. Vollkommen sachlich berichtete Doktor Mülling von dem Terrain, auf dem das Duell morgen stattfinden sollte. Es war die übliche Waldlichtung, wie vom Schicksal zu solchen Dingen ausersehen – und ein kleines Wirtshaus lag ganz nahe, darin, wie Mülling heiter bemerkte, schon manches Versöhnungsfrühstück stattgefunden hatte. Dies aber war die einzige Anspielung auf den Zweck unserer Anwesenheit; im übrigen sprachen wir von der für den nächsten Sonntag bevorstehenden Segelregatta, an der auch Loiberger, der Sieger vom vorigen Jahr, teilnehmen sollte – von einem geplanten Zubau für seine Villa, zu dem er, von Beruf Fabrikant, aber Dilettant auf allen möglichen anderen Gebieten, selbst den Grundriß entworfen hatte – von einer der Vollendung nahen Drahtseilbahn auf einen nahen Gipfel, deren Trassierung Loiberger bemängelte – von einem Prozeß, den Doktor Mülling für ihn zu führen hatte und in dem beträchtliche Vermögenswerte auf dem Spiel zu stehen schienen – und von mancherlei anderem, bis Doktor Mülling gegen elf Uhr mit lauem Lächeln bemerkte: »Es wäre vielleicht Zeit, zu Bett zu gehen, schadet nie bei solchen Gelegenheiten, wenn man gut ausgeruht ist, auch nicht den Sekundanten.« Wir verabschiedeten uns von Loiberger und schickten ihn zu Bette, wir beiden anderen aber spazierten in der schönen, warmen Sommernacht noch ein Stündchen in der kleinen Stadt herum. Von diesem nächtlichen Gang ist mir nichts anderes in Erinnerung geblieben als ein tiefschwarzer Schlagschatten, den die Häuser auf dem Hauptplatz auf das mondbeglänzte Pflaster warfen, und nichts von unseren Gesprächen. Ich weiß nur, daß wir von dem morgigen Duell überhaupt nichts geredet hatten.

Deutlich entsinne ich mich aber der Wagenfahrt am nächsten Morgen, ja, noch tönt mir gleichsam das Hufgeklapper der Rosse nach, die uns über die staubige Straße zur Waldlichtung brachten. Loiberger sprach mit übertriebener Wichtigkeit von einer gewissen, in Mitteleuropa neu eingeführten japanischen Strauchart, die er auch in seinem eigenen Garten anzupflanzen beabsichtigte und aus dem Wagen sprang er mit jener Elastizität, die man damals in Zeitungsnotizen immer wieder als besonderes Attribut regierender Fürsten erwähnt las. Das fiel mir ein und ich lächelte unwillkürlich. Loiberger sah mich in diesem Augenblick an und ich schämte mich ein wenig.

Das Duell selbst ist mir beinahe wie ein Marionettenspiel im Gedächtnis geblieben; als Marionette lag Eduard Loiberger da, als die Kugel seines Gegners ihn auf den Boden hingestreckt hatte, und eine Marionette war auch der Regimentsarzt, der den Tod feststellte, ein hagerer, ältlicher Mann mit polnischem Schnurrbart. Der Himmel über uns war wolkenlos, aber von einem merkwürdigen matten Blau. Ich sah auf die Uhr – es fehlten zehn Minuten auf acht. Das Protokoll und die sonst üblichen Formalitäten waren rasch erledigt. Eigentlich war ich froh, daß wir noch die Möglichkeit hatten, den Neun-Uhr-Schnellzug zu erreichen, es wäre unerträglich gewesen, auch nur eine Stunde länger in der unglückseligen Stadt bleiben zu müssen.

Auf dem Perron gingen wir schweigend und ziemlich unbemerkt auf und ab – zwei elegante Touristen auf einer Sommerreise; dann, während ich einen Kaffee trank, berichtete Mülling aus einer Zeitung, daß in den nächsten Tagen der König von England und sein Premierminister zum Besuche unseres Kaisers in Ischl erwartet würden. Wir gerieten in ein politisches Gespräch – es war eher ein Vortrag von Doktor Mülling, den ich nur überflüssigerweise durch ziemlich verständnislose Einwürfe unterbrach. Als der Wiener Zug einlief, atmete ich erleichtert auf, ungefähr so, als könne nun alles Geschehene ungeschehen und Loiberger wieder lebendig werden. In unserem Abteil blieben wir allein; erst nach langem Schweigen bemerkte Doktor Mülling wie zur Entschuldigung, daß er nicht schon früher gesprochen: »Man faßt es nicht gleich, so sehr man auch vorbereitet gewesen sein mag.« Dann sprachen wir beide von allerlei anderen Zweikämpfen, an denen wir als Sekundanten beteiligt gewesen waren, harmlosen und weniger glücklichen – keiner von uns hatte bisher ein tödliches Duell mitgemacht. Wir behandelten das heutige, so traurig beendete zuerst keineswegs sentimental, sondern eher vom ästhetisch-sportlichen Standpunkt. Loiberger, wie nicht anders zu erwarten war, hatte sich famos gehalten, der Rittmeister war minder ruhig und viel blässer gewesen, ja, man hatte deutlich gemerkt, daß vor dem ersten Kugelwechsel seine Hand zitterte. Beide schossen zugleich, keine Kugel traf; beim zweiten Gang war die Kugel des Rittmeisters hart an Loibergers Schläfe vorbeigegangen, und Loiberger hatte unwillkürlich nach der Stelle hingefaßt und nachher gelächelt. Beim dritten Gang aber, gleich nach dem Kommando, war er niedergesunken, noch ehe er selbst gefeuert hatte.

Und nun erst, als wäre er von einem gegebenen Worte entbunden, bemerkte Doktor Mülling: »Die Wahrheit zu sagen, ich habe es kommen gesehen; allerdings hatte ich es schon im vorigen Jahr erwartet. Beide, sowohl unser Freund Loiberger als Frau von Urpadinsky – Sie haben ja die Frau des Rittmeisters nie gesehen, schade – benahmen sich so unvorsichtig als nur möglich. Der ganze Ort wußte von der Sache, nur der Rittmeister selbst, obwohl er gar nicht selten aus seiner Garnison zu Besuch nach St. Gilgen kam, hatte keine Ahnung. Erst im Winter soll er anonyme Briefe erhalten haben, dann ging er der Sache nach, und endlich, offenbar unter der ewigen Marter seiner Fragen, scheint seine Frau gestanden zu haben. Dann machte sich das übrige von selbst.«

»Unbegreiflich«, sagte ich.

»Inwiefern unbegreiflich?« fragte Mülling.

»Wenn man eine solche Frau hat wie Loiberger – ich hielt es für die glücklichste Ehe.« Ich sah Frau Agathe vor mir, die aussah wie ein junges Mädchen, wie eine Braut, wahrhaftig, wenn man sie beide zusammen sah, Eduard und Agathe, hätte man sie eher für ein Liebespaar halten können – nach einer vier- oder fünfjährigen Ehe – als für ein Ehepaar. Der Ausflug vor vierzehn Tagen auf den Eichberg, als wir mittags in der Sonne lagerten – wir waren sieben oder acht Personen – eigentlich hasse ich ja diese Massenausflüge und ich für meinen Teil hatte mich nur wegen Mademoiselle Coulin angeschlossen – Agathe schien zu schlummern oder sie schloß nur die Augen, weil die Sonne sie blendete, er strich ihr mit den Fingern über Haar und Stirn, sie lächelten und flüsterten wie ein junges verliebtes Paar.

»Und glauben Sie«, sagte ich zu Mülling, »daß Frau Agathe irgend etwas geahnt hat?«

Mülling zuckte die Achseln. »Ich glaube nicht. Jedenfalls hat sie von dem bevorstehenden Duell nichts geahnt und weiß bis zu dieser Stunde nicht, daß ihr Mann tot ist.« Jetzt erst mit einer Art von Schrecken verspürte ich, daß uns der fahrende Zug der unglücklichen Frau immer näher brachte. »Wer soll es ihr sagen?« fragte ich.

»Es wird wohl nichts übrig bleiben, als daß wir beide –«

»Wir können unmöglich zu zweit antreten wie Komiteemitglieder«, dachte ich, »die eine Balleinladung überbringen.«

»Wir hätten doch gleich von dort aus telegrafieren sollen«, sagte ich laut.

»Die Depesche«, sagte Mülling, »hätte ja doch nur eine Art von Vorankündigung sein können. Über die mündliche Berichterstattung kommen wir doch nicht weg.«

»Ich will es übernehmen«, sagte ich.

Darüber gab es dann noch eine längere Diskussion. Sie war noch nicht zu Ende, als unser Zug im Bahnhof Ischl einfuhr. Es war ein herrlicher Sommertag, auf dem Bahnsteig ein Gedränge von Ankommenden, Ausflüglern, Erwartenden – auch Bekannte waren darunter, es war nicht ganz leicht, aus dem Stationsgebäude ungehindert auf die Straße zu gelangen; aber endlich saßen wir im Wagen, ohne daß einer an uns herangekommen wäre und sausten auch schon davon. Der Staub wirbelte hinter uns her, die Sonne brannte heftig, wir waren froh, als der Ort hinter uns lag und wir auf die Landstraße und bald in den Wald bogen.

Noch ehe wir von der letzten Straßenbiegung aus die ersten Bauernhäuser des Dorfes erblickten, hatte sich Doktor Mülling damit einverstanden erklärt, daß ich als der Fernerstehende Frau Agathe Loiberger die Trauernachricht bringen sollte.

Der See lag da glitzernd von tausend winzigen zerrissenen Sonnen. Vom gegenüberliegenden Ufer her, das im Dunste der Überhelligkeit sich verschleierte, näherte sich spielzeughaft das putzige Dampfschiff, dessen Schaukelwellen das badende junge Volk sich immer entgegenfreute. Bald hielten wir vor dem Gasthof, der sich ohne zureichenden Grund als »Grand Hotel« bezeichnete; ich stieg aus, Doktor Mülling ließ sich von dem Kutscher weiterfahren zu der Villa, in der er ein Zimmer gemietet hatte, drückte mir die Hand und erklärte, daß er mich um vier Uhr nachmittag aufsuchen wolle.

Ich vertauschte den Touristenanzug, der mir für meine Mission doch wenig angemessen schien, mit einem dunkelgrauen und wählte mit Bedacht eine schwarzgestreifte Krawatte. Ich war am Ende nur auf meinen Geschmack, ja auf meine Intuition angewiesen, denn für einen Besuch, wie er mir bevorstand, gab es begreiflicherweise keine allgemein gültigen Vorschriften. Bedrückten Herzens machte ich mich auf den Weg.

Seitab hinter dem Gasthof führte ein abkürzender Pfad mit gelegentlichen Ausblicken auf den See an etlichen kleineren Landhäusern vorbei zu der weißen, für meinen Geschmack etwas zu großartigen Villa, die Loiberger, natürlich nach eigenen Angaben, für sich hatte erbauen lassen. Ich ging übertrieben langsam, damit nicht gleich ein zu rascher Atem mich verriete, doch fühlte ich mich im ganzen ziemlich ruhig oder wenigstens gefaßt. Ich sagte mir, daß ich einfach eine Pflicht zu erfüllen hatte – das wollte ich in möglichst guter Haltung tun; von meiner innerlichen Beteiligung durfte ich nicht mehr merken lassen, als gute gesellschaftliche Form forderte und erlaubte.

Das Gartentor stand offen, das kunstvoll geordnete Blumenparterre leuchtete bunt, auf den weißen Bänken rechts und links lag die Sonne, über die breite Veranda mit den grellroten Korbsesseln war die rotweißgestreifte Markise gespannt, darüber im ersten Stockwerk standen die Fenster offen, der kleine Balkon vor der Mansarde lag im schiefen Sonnenglanz. Kein Mensch war zu sehen. Alles ringsum war still, nur der Kies unter meinem Schritt knirschte überlaut, wie mir schien. Die Speisestunde war nah, vielleicht saß man schon beim Mittagmahl, vielmehr Agathe allein, denn Eduard befand sich ja auf einer Dolomitentour. Ja, dies war mein erster Gedanke, noch ehe es mir schreckhaft zu Bewußtsein kam, daß er zu dieser Stunde in der Leichenkammer einer kleinen Garnisonsstadt aufgebahrt lag. Und plötzlich empfand ich, was mir für die nächsten Minuten bevorstand, als so grotesk, so unerträglich, so undurchführbar, daß ich mich ernstlich versucht fühlte, umzukehren, noch ehe mich jemand erblickt, ja einfach davonzulaufen, Doktor Mülling zu holen und ihm zu erklären, daß ich unmöglich allein Frau Agathe die grauenvolle Nachricht zu überbringen imstande war.

Da trat aus dem Dunkel des Innenraums der Diener auf die Veranda und grüßte. Offenbar hatte er meine Schritte von innen gehört. Es war ein junger, blonder Mensch in einer blauweißgestreiften Leinenjacke, ging ein paar Stufen hinab mir entgegen und er sagte:

»Die Herrschaften sind nicht zu Hause. Der gnädige Herr ist schon gestern fortgefahren und die gnädige Frau ist noch am See unten.« – Da ich nicht Miene machte, mich zu entfernen, fügte er hinzu: »Aber wenn Herr von Eißler sich vielleicht gedulden wollen – die gnädige Frau muß jeden Moment da sein.«

»Ich werde warten.«

Der Diener schien einigermaßen verwundert, vielleicht fiel ihm die Starrheit, der unverständliche Ernst meiner Züge auf, und mit rasch erkünstelter Leichtigkeit sah ich auf die Uhr und bemerkte: »Ich hab' der gnädigen Frau nur etwas zu bestellen«, und wiederholte: »Ich werde warten.«

Der Diener nickte, ging voraus, rückte einen Sessel zur Seite, der die Mitteltüre zum Salon verstellte, ließ mich vorbei, wies mit einer unbestimmten Geste auf die verschiedenen Sitzgelegenheiten ringsum, verschwand im Nebenzimmer, wo der Tisch zu sehen war, blitzblank mit zwei Gedecken, schloß die Tür hinter sich und ließ mich allein.

Wie ein in Haft Gesetzter vor schwerer Einvernahme stand ich in dem sommerlichen, aber kühl durchschatteten Raum. In ebenholzener Schwärze den Raum beherrschend stand das Piano da und weckte die Erinnerung an den letzten, noch nahen Musik-Abend, den ich hier verbracht hatte. Agathe begleitete ihre Freundin Aline zu einem Schubertschen Lied. Ich sah ihre schmalen Finger über die Tasten schweben, ja ich glaubte beinahe Alinens Stimme zu hören: »Dir Blumen und Kränze, Sylvia ...« Später, während die übrige Gesellschaft noch im Salon geblieben war, saß ich draußen im Garten, allein, von der lauen Nachtluft, der Musik und wohl auch von dem Champagner, der bei den Gesellschaften im Hause Loiberger selten fehlte, leicht benommen, ja beglückt. Vielleicht schlummerte ich sogar; und wie durch einen Traum spazierte Agathe mit irgendeinem Herrn an mir vorbei. Ich saß im Dunkel, so bemerkten sie mich anfangs gar nicht. Plötzlich aber entdeckte mich Agathe, und im Vorübergehen glitt sie, wie zum Spaß, mit der Hand durch meine Haare, brachte sie in Unordnung und war wieder davon. Das fiel mir weiter nicht auf. Denn in dieser Weise benahm sie sich manchmal. Recht ungezwungen, aber immer mit wundervoller Anmut – wie sie auch die meisten Freunde des Hauses selten beim Namen oder gar mit einem Titel zu nennen pflegte, sondern für jeden irgendeine Bezeichnung gefunden hatte, die keineswegs immer zu dessen Art und Wesen passen mochte, ja oft geradezu das Gegenteil oder überhaupt nichts ausdrückte. Mich zum Beispiel – und das hatte einen gewissen Sinn, denn ich sah damals mit meinen dreiundzwanzig Jahren noch jünger aus, als ich war – nannte sie »das Kind«. – Ich blieb ruhig auf meiner Bank im Dunkel sitzen und wartete, daß die beiden wieder an mir vorüberkämen; was früher geschah, als ich es eigentlich erwartet hatte. Und nun nickte Agathe mir zu, ohne daß sie doch meine Züge deutlich zu erkennen imstande war. Das tat sie oft: zum Gruß immer gleich ein paarmal rasch hintereinander zu nicken. In dieser Art hatte ich sie grüßen gesehen, wenn sie in der Schwimmanstalt am Geländer lehnte, in ihren blauen Bademantel gehüllt; so auf Spaziergängen, wenn ein Bekannter ihr begegnete; in gleicher Weise aber nickte sie Blumen zu, ehe sie sie pflückte, und ebenso grüßte sie eine Almhütte, ehe sie eintrat; es schien ihr eingeboren, also mehr als eine Gewohnheit, sich mit allen Menschen und Dingen, zu denen sie in eine noch so flüchtige Beziehung trat, durch einen Gruß gleichsam persönlich bekannt zu machen. Dieser ihrer Eigenart ward ich mir jetzt erst so deutlich und zum erstenmal bewußt, während ich im sommerlich durchschatteten Salon ihr Kommen erwartete, und meine Finger ohne Sinn mit den Fransen des indischen Schals spielten, der als Klavierdecke diente.

Plötzlich hörte ich Frauenstimmen, Schritte über den Kies, alles immer näher, dann ein Frauenlachen, dann Schritte die Stufen hinauf – und das Herz stand mir stille.

»Wer ist denn das?« rief Agathe fast ein wenig erschrocken. Aber da sie mich erkannte, fügte sie gleich heiter hinzu: »Das Kind«, und reichte mir die Hand. Ich verbeugte mich tiefer, als es sonst meine Art war, und küßte ihre Hand. Sie wandte sich gleich zu Aline, die ein wenig hinter ihr stand, und meinte: »Nun bleibt ihr gleich beide zum Essen da.« Und wieder zu mir: »Ich bin nämlich allein. Eduard ist seit gestern auf einer Bergtour.« Und mit einem nicht ganz heiteren Lachen: »Wer's glaubt!«

Indes hatte ich auch Alinen die Hand geküßt, und als ich meinen Blick wieder erhob, sah ich den ihren mit einer Art mir unerwünschten Einverständnisses lustig in mein Auge sprühen. Da standen sie nun beide, die dunkle Aline ganz in leuchtendes Gelb, die blonde Agathe in sanftes Hellblau sommerlich gekleidet, und in all ihrer Gegensätzlichkeit fast schwesterlich anzusehen. Beide trugen die breitkrempigen Florentinerhüte, wie sie damals modern waren, Agathe nahm den ihren ab und legte ihn auf das Klavier.

»Nein Liebste«, sagte Aline, »ich kann leider nicht bleiben. Ich werde daheim zum Essen erwartet.«

Agathe redete ihr wohl noch ein wenig zu, aber es klang nicht sehr überzeugend. Und während sie zu der Freundin sprach, streifte mich ein fragender, ein verheißungsvoller, ja ein so lokkender Blick, daß mich beinahe schwindelte. Und ich wußte plötzlich, daß es keineswegs der erste Blick dieser Art war, den sie mir sandte. Aline verabschiedete sich. »Auf Wiedersehen, gnädige Frau«, sagte ich und war mir bewußt, daß es das erste Wort war, das ich sprach, und so hörte ich es übertrieben hell, gleichsam schmetternd durch den Raum klingen. Agathe begleitete die Freundin über die Veranda und die Stufen in den Garten hinaus.

Warum habe ich nicht gesprochen, solange Aline da war, dachte ich. Wäre es nicht tausendmal leichter gewesen? Schon im nächsten Augenblick stand Agathe wieder vor mir. »Gnädige Frau«, begann ich, »ich habe Ihnen eine traurige Botschaft zu bringen.« – Nein, ich sprach die Worte nicht aus. Für einen, der Gedanken zu lesen vermocht hätte, wären die Worte ganz vernehmlich gewesen, doch über meine Lippen kam kein Laut. Agathe stand vor mir, das hellblaue Kleid durchleuchtete mild die tiefen Schatten des Raums, sie lächelte nicht, ja mir war, als hätte ich ihr Antlitz niemals so ernst gesehen. Nun, da sie mit mir allein war, ich fühlte es deutlich, sollte alles, was auf Oberflächlichkeit, auf Koketterie, ja, auf etwas rein Gesellschaftliches hindeutete, ausgeschaltet sein.

»Ich freue mich ja so, daß Sie da sind«, sagte sie.

Ich erwiderte nichts, denn kein Wort wäre das rechte gewesen. Allerlei blasse Erlebnisse der letzten Tage leuchteten in meiner Seele plötzlich auf. Es fiel mir ein, wie sie sich auf jenem Ausflug neulich in meinen Arm gehängt hatte und mit mir den Waldpfad hinuntergelaufen war, dann erinnerte ich mich wieder, wie sie mir nachts im Garten mit ihren schmalen Fingern durch die Haare gefahren war, und jenes Grußwort klang mir zärtlich durch den Sinn: »Kind.« Ich hatte all das nicht verstanden, zu verstehen nicht gewagt. Denken Sie, wie jung ich war! Es war das erste Mal, daß eine schöne, junge Frau, eine Frau, die ich für eine liebende und geliebte Gattin hielt, mir das Geschenk ihres Herzens zu bieten schien. Wie hätte ich das erwarten dürfen? Und wenn sie nun ihrer Freude über mein Kommen so unverhohlen Ausdruck gab, so bedeutete das nichts anderes, als daß sie mich für ungeduldig und für verliebt genug hielt, um mit voller Überlegung die Abwesenheit ihres Gatten zu diesem unvermuteten und verwegenen Besuch zu benützen.

»Es ist serviert, gnädige Frau.«

Eine leichte Bewegung Agathens. Ich wandte mich um. Wir traten ins Nebenzimmer. Es war Agathens Boudoir, das Fenster stand offen, weiße Gardinen schlossen uns gegen draußen ab, Garten und Luft schimmerten mit unbestimmten Farben durch. Wir saßen einander gegenüber, Agathe und ich. Der Diener, jetzt in dunkelblauem Lüstersakko mit Goldknöpfen, ging aus und ein und servierte. Es war mit erlesenem Geschmack gedeckt. Ein einfaches Mahl, und als Getränk nichts als Champagner. Unser Tischgespräch war völlig harmlos und mußte es sein, dabei aber gänzlich ungezwungen, nicht nur von ihrer, sondern auch von meiner Seite. Doch während wir von den Alltäglichkeiten des Landlebens sprachen, von abgetanen und geplanten Ausflügen, von der bevorstehenden sonntäglichen Regatta, der voraussichtlichen Teilnahme und den Chancen Loibergers – obwohl ich keinen Augenblick vergaß, daß Eduard tot war, und daß ich nur hergekommen war, um es seiner Gattin zu berichten –, empfand ich mein Hiersein, dieses Aug in Aug-Sitzen und Sprechen mit Agathe, das leise Flattern der Fenstervorhänge, das schweigsame Erscheinen und Verschwinden des Dieners keineswegs als traumhaft, sondern eher als eine andere, geringere Art von Wirklichkeit. Aus dieser andern Wirklichkeit schrillte auch das Pfeifen des kleinen Dampfers zu uns her, in dieser Wirklichkeit wußte ich den See liegen unten im Mittagsglanz, in diese andere war auch Aline wieder zurückgekehrt, und dort lag auch der Mann, den ich heute morgens tot am Waldesrand hatte hinsinken sehen. Wirklicher als all das war, was zwischen Agathe und mir hin und her schwebte, war, nicht was sie sagte, doch der Ton ihrer Stimme, war ihr Blick, ihr Wunsch, war unser Verlangen.

Das Mahl war zu Ende. Der Diener kam nicht wieder, wir waren allein.

Agathe stand vom Tische auf, sie trat auf mich zu, nahm meinen Kopf in beide Hände und küßte mich auf die Lippen. Es war kein glühender Kuß, er war eher milde, mehr Güte als Leidenschaft war in ihm, er war geschwisterlich und doch berauschend, er war Feierlichkeit und Wollust zugleich.

Und später, von ihrem Arm umschlungen, glitt ich in tausend Träume.

Wir lagen auf einen Wiesenhang hingestreckt; es war der gleiche, auf dem sie neulich erst an Eduards Seite gelegen war. Ich wundere mich, daß sie so ruhig ist, ohne jede Angst, irgend etwas Furchtbares ist ja geschehen – ich weiß nicht was, denke auch nicht darüber nach, aber ich weiß, daß wir fort müssen, so weit als möglich. Dann sitzen wir in einem Eisenbahncoupé; das Fenster ist offen, die Vorhänge, nicht befestigt, fliegen hin und her, zerrissene Bilder wechselnder Landschaften rasen vorbei, Wälder, Wiesen, Zäune, Felsen, Kirchen, vereinzelte Bäume, unbegreiflich schnell und ohne jeden Zusammenhang. Rasch genug, niemand kann uns nach, nicht einmal die Leute, die im gleichen Zug fahren; es ist unfaßbar, aber doch ist es so. Plötzlich höre ich ihren Namen draußen rufen, ich weiß, es ist ein Telegraphenbote, der sie sucht. In mir ist nur die Angst, daß sie es hören könnte. Aber der Name klingt immer leiser, endlich verklingt er ganz, und der Zug rast weiter. Wir reisen, ja, wir reisen – wir reisen immerfort. Jetzt sind wir in einem Spielsaal – es wird wohl Monte Carlo sein. Wie kann ich nur zweifeln? Natürlich ist es Monte Carlo. Agathe sitzt am Spieltisch mitten unter anderen Leuten, sie ist schön, sie ist ganz ruhig, sie spielt, sie verliert, sie gewinnt, ich schaue nach allen Seiten aus, ob niemand da ist, der sie kennt und ihr vielleicht verraten könnte, daß ihr Gatte tot ist. Aber es sind ja lauter fremde Leute – braune, gelbe Gesichter, auch ein Indianer sitzt am Spieltisch mit einem ungeheuren roten Federnschmuck auf dem Kopf. Da steht Aline in der Türe. Wie, sie ist uns nachgereist? Nur um es ihr zu sagen? – Also fort, fort. Ich berühre Agathe an der Schulter, sie wendet sich nach mir um mit einem Blick voll Liebe. Und wieder rast der Zug mit uns davon. Durch das offene Fenster blickt irgendwer herein – wie ist das nur möglich? Er klammert sich offenbar draußen an die Fensterbrüstung. Er hält ein Stück Papier in der Hand: das Telegramm, gewiß. Ich stürze den Mann hinunter, er kollert hinab, ich weiß nicht wohin – ich seh' ihn ja auch gar nicht. Welches Glück, daß Agathe nichts bemerkt hat. Natürlich nicht. Sie hat ja ein großes englisches Journal in der Hand... und blättert darin, sieht sich die Bilder an. Wie komisch, da ist ein Bild, das den Spielsaal von früher darstellt und sie und mich unter den Spielern. Wie rasch die Nachrichten gehen. Wenn ihr Mann dieses Bild zu Gesicht bekommt – was wird mit uns geschehen? Wird er auch mich umbringen, so wie er den Rittmeister umgebracht hat?

Und mit einem Mal bin ich wieder in der Villa, in dem Zimmer, auf dem Diwan, wo ich wirklich bin. Es ist wirklich und zugleich doch ein Traum. Ich träume, daß ich wach bin, ich träume, daß meine Augen offen sind und riesengroß zu den flatternden Gardinen starren. Und ich höre Schritte, langsame Schritte von sechs Männern oder zwölf. Ich weiß, daß man jetzt die Bahre mit dem Leichnam bringt, und ich fliehe. Ich bin auf der Terrasse draußen. Ich muß hinab über die Stufen. Wo sind die Männer, wo ist die Bahre? Ich sehe sie nicht. Ich weiß nur, daß sie mir entgegenkommt und daß es mir unmöglich ist, ihr auszuweichen. Plötzlich stehe ich im Garten ganz allein, aber es ist kein wirklicher Garten, es ist einer wie aus einer Spielzeugschachtel; es ist genau der Garten, den ich vor vielen Jahren einmal zum Geburtstag geschenkt bekommen habe. Ich habe bisher gar nicht gewußt, daß man darin auch spazieren gehen kann. Auch kleine Vögel sitzen auf den Bäumen. Die hab' ich damals nicht bemerkt. Und jetzt fliegen sie alle weg, zur Strafe, weil ich sie bemerkt habe. Und beim Gartentor steht der Diener und verbeugt sich sehr tief. Denn eben tritt Herr Loiberger persönlich herein. Er hat keine Ahnung davon, daß er tot ist und dabei hat er doch einen weißen Regenmantel an. Ich muß ihn ins Haus hineinbegleiten, damit ihm kein anderer sagt, daß er tot ist; er würde es nicht überleben, denke ich – und lache zugleich. Und schon sitzen wir auch beide beim Mittagessen, und der Diener serviert; ich wundere mich, daß Eduard sich etwas zum Essen auf den Teller nimmt – er braucht es doch nicht mehr. Ihm gegenüber sitzt Agathe, ich bin überhaupt nicht mehr vorhanden. Aber ich sitze auf dem Fensterbrett, und die Gardinen schlagen jeden Augenblick über meiner Stirn zusammen. Ich möchte so gerne sehen, mit welchen Blicken sie einander betrachten. Plötzlich höre ich seine Stimme – ach Gott, wenn ich nur sehen könnte –, und ich höre ihn ganz deutlich sagen: »Also du frühstückst mit dem Herrn, der mich erschossen hat.« Es wundert mich gar nicht, daß er das sagt, denn ich habe es ja wirklich getan. Sonderbar finde ich nur, daß er eine so dumme Bemerkung macht. Er müßte doch wissen, daß es ganz üblich ist, nach einem Duell miteinander zu frühstücken.

Wieder Schritte im Garten – die Bahre – wie seltsam, der Tote zuerst und nachher die Bahre – was für ein Snob er ist – und Trauermusik. Eine Militärkapelle? Freilich, weil er einen Rittmeister erschossen hat. Und Applaus? Natürlich – er hat ja die Regatta gewonnen. Ich springe rasch aus dem Fenster, laufe, so geschwind ich kann, hinunter zum See. Warum sind denn so wenig Leute da – und gar keine Boote? Nur ein ganz kleiner Kahn und in dem Kahn Agathe und ich. Agathe rudert. Nun kann sie es plötzlich. Sie hat ja neulich gesagt, daß sie gar nicht rudern kann. Und nun hat sie gar die Regatta gewonnen. Jetzt plötzlich fühle ich eine Hand am Halse, Eduards Hand. Die Ruder entgleiten Agathen. Unser Kahn treibt nur so hin. Sie verschränkt die Arme. Sie ist sehr neugierig, ob es Eduard gelingen wird, mich ins Wasser zu werfen. Wir versuchen uns gegenseitig unterzutauchen. Agathe ist gar nicht mehr neugierig. Sie treibt auf dem Kahn davon. Es ist ja doch ein Motorboot, denke ich. Ich tauche immer tiefer. Warum, warum, frage ich mich, und ich will zu Loiberger sagen: Es ist ja gar nicht der Mühe wert, daß wir einander wegen einer solchen Frau umbringen. Aber ich sage es nicht, am Ende würde er glauben, daß ich mich fürchte. Und ich tauche wieder empor. Der Himmel ist so unendlich groß, wie ich ihn noch niemals gesehen. Und wieder sinke ich hinab und noch tiefer als vorher. Ich müßte ja gar nicht, ich bin ja allein, der ganze See gehört mir. Und der Himmel dazu. Und wieder tauche ich empor aus Flut und Tod und Traum. Ja, so tief ich gewesen, so unerbittlich komm' ich wieder empor, und plötzlich bin ich wach – vollkommen wach. Agathe aber schlief, jedenfalls lag sie mit geschlossenen Augen da. Die Gardinen bewegten sich stärker in dem Sommerwind, der um diese nachmittägige Stunde immer vom See heranzuwehen pflegte. Es konnte ja noch nicht spät sein. Nach dem Stand der Sonne kaum mehr als vier, die Stunde also, in der Mülling mich im Hotel aufsuchen wollte. War dies auch noch Traum? Alles vielleicht? Auch das Duell? Und Loibergers Tod? War es vielleicht Morgen und ich schlief – ich in meinem Zimmer im Hotel? Dies aber war gleichsam mein letzter Fluchtversuch. Ich konnte nicht zweifeln, ich war wach, und hier lag Agathe und schlief, und sie wußte nichts. Nun hatte ich nur mehr die Wahl auf und davon zu fliehen, in dieser Sekunde noch – oder reden, ohne noch eine Sekunde zu zögern, Agathe aufwecken und reden. Jeden Augenblick konnte die Nachricht da sein. Hörte ich nicht schon Schritte im Garten? War es nicht fast ein Wunder, daß wir bisher nicht gestört worden waren? Und in jedem Fall, wenn in diesem Haus, wenn hier im Ort noch keiner etwas wußte, blieb es nicht ein unfaßbarer Leichtsinn in diesem doch von überallher zugänglichen Gemach, nun, da die Zeit der allgemeinen Nachmittagsruhe vorbei war, noch weiter zu verweilen? Ich selbst hatte mich rasch erhoben – nun, als ich eben Agathe an der Schulter berühren wollte, als hätte mein Blick sie erweckt, blinzelte sie, strich sich mit der Hand über die Stirn und über die Haare, sah einem kleinen Mädchen ähnlich, das sich den Schlaf aus den Augen reibt, und sie sah mich gewiß nicht anders als wie ein entschwindendes Traumbild. Dann aber hörte sie meine Stimme, denn unwillkürlich hatte ich ihren Namen geflüstert, jetzt beschattete sich ihr Antlitz, sie sprang auf, strich sich das Kleid zurecht, strich auch die Kissen glatt und legte sie in flüchtiger Ordnung hin. Dann wandte sie sich rasch zu mir und sagte nichts anderes als: »Geh!« Ich aber blieb wie angewurzelt stehen, völlig unfähig, ihr zu sagen, was ich sagen mußte, ja unfähig, überhaupt ein Wort zu reden. Welch ein Feigling war ich! – Mich umbringen, nichts anderes blieb mir übrig. Aber ich konnte ja nicht einmal einen Schritt tun. Und nur ihren Namen brachte ich jetzt wieder hervor, lauter, flehender als vorher. Sie faßte zart meine Hand und sprach weiter: »Ich liebe dich sehr. Ich habe es nicht gewußt, wie sehr ich dich liebe. Du mußt es ja nicht glauben. Aber warum sollte ich es dir sagen, wenn es nicht so wäre. Du sollst es nur wissen, ehe du gehst.«

»Wann seh' ich dich wieder?« fragte ich. Ich sagte nicht: Eduard ist tot. Ich sagte nicht: Verzeih' mir. Ich sagte nicht: Ich war zu feig, um es dir gleich zu sagen. Nein, ich fragte: »Wann seh' ich dich wieder?«, als gäbe es keine andere Frage, die jetzt zu beantworten wäre, als gäbe es kein anderes Wort zu sagen.

»Du wirst mich nie wieder sehen«, sagte sie. »Wenn du mich lieb hast, wirst du dieser Stunde dankbar sein wie ich. Wenn du nicht willst, daß diese Stunde aus einem wunderbaren, unvergeßlichen Traum eine trübe Wirklichkeit, eine Lüge, hundert Lügen, eine Kette von Betrug und Häßlichkeit werde, dann geh, geh gleich, reise ab und versuche niemals mich wiederzusehen.«

In mir raunte es: Eduard ist tot – dein Mann ist tot, alles, was du sprichst, ist Unsinn, und du ahnst es nicht. Es gibt keine Lüge, keinen Betrug, keine Häßlichkeit mehr, du bist frei. – Aber all das sagte ich nicht, alles wurde plötzlich so klar in mir, wie ich es noch vor einer Minute nicht für möglich gehalten hätte. Und ich sagte: »Es ist kein Betrug, es ist keine Lüge. Betrug und Lüge wäre es nur, wenn du nach dieser Stunde noch länger in diesem Hause bliebst und wieder einem andern gehörtest.« Es war mir, als bekäme jener Reisetraum von früher Gewalt über mich, oder als bekäme ich Macht über ihn.

Agathe erblaßte. Sie sah mich an, und ich fühlte, daß mein Antlitz ganz starr geworden war. Sie berührte meinen Arm, als wollte sie mich beruhigen. »Wir wollen doch vernünftig sein«, sagte sie. »Oder wir wollen es wenigstens wieder werden. Ich liebe dich, ja, aber ich gehöre nicht dir, so wenig wie du mir. Wir wissen es ja beide. Es war nur ein Traum, ein Wunder, ein Glück, unvergeßlich, ja, aber vorbei.«

Ich schüttelte heftig den Kopf. »Alles, was *vor* dieser Stunde war, ist vorbei, diese Stunde aber hat alles geändert. Du kannst dem andern nie wieder gehören, du gehörst mir allein.«

Noch immer hielt sie meinen Arm berührt, ja nun ergriff sie ihn, hielt ihn fest. Ja, sie bewegte ihn leise hin und her, als hoffte sie mich damit aus einer unbegreiflichen Verstörung, aus einem Wahn zu erwecken. Meine Augen aber blieben starr, ich wußte, daß kaum Liebe in ihnen war, nur Wille, Drohung beinahe. Und ich merkte, daß ihre Angst wuchs, und so versuchte sie's nun mit einem scherzhaften Ton: »Kind«, sagte sie, »hab ich nicht recht gehabt? Ich habe schon immer gewußt, warum ich dich Kind nenne. Soll ich nun vernünftig sein für uns beide? Leicht ist es ja nicht. Nicht einmal für mich allein. Aber wir müssen, wir müssen verständig sein.«

»Warum müssen wir?« fragte ich hartnäckig und haßte mich zugleich.

»Wir müssen«, sagte sie, und in immer steigender Angst war sie gleich mit den stärksten, den unwidersprechlichsten Argumenten zur Stelle: »Wir müssen vernünftig sein und dürfen uns nicht verraten, weil du verloren wärst, wenn er ahnte...«

Ich lächelte. Ich konnte nicht anders. Aber ihre Entgegnung, ihre Warnung, der Versuch, mir Angst vor dem Toten einzuflößen, wirkte auf mich nicht nur grauenhaft, sondern wie mit einer unergründlichen Komik. Es lag mir in diesem Augenblick gar nicht fern, irgend etwas Teuflisches zu erwidern, der ganzen Unerträglichkeit, der Furchtbarkeit dieses Gesprächs durch ein vernichtendes und zugleich erlösendes Wort ein Ende zu machen. Aber ich tat es nicht. Ich fühlte meine Ohnmacht grade in diesem Augenblick, ich fühlte, daß der Tote stärker war als ich, und wie in verzweifelter Gegenwehr vermochte ich keine andere Erwiderung zu formen, als das törichte Wort: »Und wenn das Schicksal am Ende für mich entschiede?«

Sie faßte mich an der Schulter. Angst war in ihren Augen. »Was sagst du da? Wo verirrst du dich hin? Wo verirren wir uns hin?«

Und in diesem Augenblick fühlte ich, daß sie für ihn bangte, für ihn und nicht im geringsten für mich – daß er alles, und daß ich nichts für sie war... Und in diesem Augenblick hörten wir Schritte über den Gartenkies. Nur wenige Sekunden noch blieben mir. Es war nicht möglich, ihr in diesen wenigen Sekunden zu berichten, was geschehen war und überdies noch mich zu rechtfertigen, daß ich bisher geschwiegen. Vor einigen Minuten noch hätte sie verstanden, hätte sie vielleicht verziehen. Ja, vielleicht hätte ich einen wahrhaften, einen unvergänglichen Sieg über den Toten davongetragen. Jetzt aber war ich der Gefallene, der Erschlagene, ja, in dieser Sekunde empfand ich mich selbst gleichsam wie ein Gespenst, und die Schritte draußen im Garten – so sehr ich wußte, daß jeder andere im nächsten Augenblick hier hereintreten könne, als grade er – kündigten für mich in unbegreiflicher Weise das Nahen Loibergers an; wie er es in meinem Traume getan, schritt er durch den Garten und über die Stufen zur Terrasse herauf. Aber wer immer es sein mochte, unmöglich war es, das, was auf dem Wege war, herankommen zu lassen, ohne sie im allergeringsten vorzubereiten. Doch nur das eine Wort drängte sich auf meine Lippen: »Erschrick nicht.« Und während ich das Wort aussprach, war mir wahrhaftig nicht anders zumute, als müßte im nächsten Augenblick ihr toter Gatte eintreten. Zuerst sah sie mich mit einem unsicheren Lächeln an, als wollte sie mir zu verstehen geben, daß ich mich nicht zu sorgen brauche, und daß ihr niemand auch nur im geringsten anmerken werde, was in der letzten Stunde vorgefallen war. Aber gleich las sie offenbar in dem verzweifelten Ernst meines Blickes, daß meine Mahnung doch etwas anderes bedeutet haben müßte als die kleinliche Besorgnis, sie könne sich etwa verraten. Sie hatte eben noch Zeit zu fragen: »Was ist geschehen?« Ich aber nicht mehr die Möglichkeit, zu antworten.

Die Schritte hallten schon im benachbarten Raum. Agathe, ohne sich nur nach mir umzuwenden, trat in den Salon, und ich folgte ihr. Aline stand da in der Türe zwischen Salon und Terrasse, streifte mich nur mit einem ratlos-verwunderten Blick, faßte die Hände der erblassenden Freundin und, in Tränen ausbrechend, schloß sie sie in die Arme. Agathens Augen aber starrten vorbei an Aline mit so unerbittlicher Frage in die meinen, als wollte sie die Antwort aus meiner Stirn saugen; ich legte den Finger an meinen Mund und spürte selbst, daß diese armselige Gebärde die Bitte an Agathe bedeutete, eher mich als sich zu verraten. In ihrem Blick aber war mehr, als ich je in einem Menschenblick gesehen: Ahnung, Wissen sogar, auch Empörung, Verstehen, Verzeihen, ja, vielleicht etwas wie Dank.

Nun stand auch Mülling in der Türe zwischen Salon und Terrasse, zwischen Schatten und Licht. Sein Auge streifte mich wie fragend. Meine Anwesenheit erklärte sich für ihn gewiß ohne weiteres so, daß ich es nicht über mich gebracht, die unglückliche Frau, nachdem ich ihr die traurige Kunde gebracht, allein zu lassen. Er trat auf sie zu und drückte ihr wortlos die Hand. Wieder suchte sie, vorbei an Mülling, meinen Blick. Niemand sprach, nicht sie, Aline nicht und nicht Mülling, ich aber, so schien mir, schwieg noch tiefer in mich hinein als die andern. Die sommerliche Stille des Gartens klang herein. Endlich sagte Agathe – und mir stand das Herz still, als sie die Lippen öffnete –: »Nun will ich«, sagte sie, »die ganze Wahrheit hören« – und da sie in den Mienen der andern Befremden, in den meinen vielleicht einen Ausdruck des Erschreckens gewahrte, fügte sie, zu mir gewandt, in bewunderungswürdiger Ruhe hinzu: »Sie wollten mir gewiß nichts verschweigen, aber Sie haben unwillkürlich vielleicht versucht, mich zu schonen. Ich danke Ihnen. Aber glauben Sie mir, ich bin nun gefaßt genug, um alles zu hören. Berichten Sie, Doktor Mülling, von Anfang bis Ende. Ich will keine Frage stellen, ich werde Sie nicht unterbrechen«, und mit erlöschender Stimme fügte sie hinzu: »Erzählen Sie!«

Sie lehnte am Klavier, und ihre Finger spielten mit den Fransen des Schals, und mit keinem Zucken ihrer Lippen verriet sie sich oder mich, während Mülling erzählte. Aline hatte sich auf den Stuhl am Klavier sinken lassen und stützte den Kopf in die Hände. In all seiner inneren Bewegung kam Mülling die berufsmäßige Gewohnheit zustatten, wohlgesetzt vor der Öffentlichkeit zu reden. Er berichtete den Verlauf der Angelegenheit, von dem Moment an, da wir beide, Doktor Mülling und ich, Eduard am Bahnhof der kleinen Stadt erwartet hatten, bis zu dem Augenblick, da Eduard am Waldesrand tot hingesunken war, und es war mir offenbar, daß er seinen Bericht schon ein oder mehrere Male zum besten gegeben, seit wir uns am Tor seines Gasthofs voneinander getrennt hatten. Er sprach im übrigen, als hielte er ein Plädoyer für jemanden, der ein längst abgetanes, vergessenes, schon an sich nicht bedeutungsvolles Vergehen allzu schwer gesühnt hatte, und dessen Andenken von jeder Schuld freizusprechen sei. Agathen aber gelang es tatsächlich, ihn nicht mit einer Silbe zu unterbrechen. Und erst als Mülling geendet, wandte sie sich mit der Frage an ihn, ob schon irgendwelche Verfügungen an Ort und Stelle getroffen worden seien. Und als Mülling erwiderte, daß der Leichnam spätestens morgen früh von der Behörde freigegeben werden dürfte, sagte sie: »Ich werde noch heute abend zu ihm fahren.« Mülling riet ihr ab, der heutige Abendzug käme in der kleinen Garnisonsstadt erst nach Mitternacht an, sie aber sagte nur: »Ich will ihn noch heute nacht sehen«, und es war uns allen klar, daß sie sich noch heute nacht Eingang in die Totenkammer verschaffen wollte. Nun trug sich Mülling an, sie zu begleiten, es seien allerlei Dinge zu besorgen und anzuordnen, die unmöglich Agathe allein durchführen könne. Sie wehrte mit einer Entschiedenheit ab, die jede Widerrede ausschloß. »All das gehört mir zu«, sagte sie.

»Erst wenn alles vorüber ist, Herr Doktor Mülling, sprechen wir uns wieder.« Ich war von Bewunderung und von Grauen zugleich erfüllt. Sie richtete kein Wort an mich. Sie wünschte nun allein zu sein, nur Aline sollte später wiederkommen, um ihr bei den Reisevorbereitungen behilflich zu sein und Weisungen für die Dauer ihrer Abwesenheit entgegenzunehmen.

Sie drückte uns allen die Hand. Mir nicht anders als Aline und Mülling. Sie wich nicht einmal meinem Blick aus, als wir schieden.

Sie reiste tatsächlich noch am gleichen Abend ab – allein – und brachte den Leichnam ihres Gatten am nächsten Morgen nach Wien. Am Tage darauf fand das Begräbnis statt, an dem natürlich auch ich teilnahm. Agathe war an diesem Tag für niemanden zu sehen. An den See kehrte sie niemals wieder zurück.

Viele Jahre später begegneten wir einander wieder in Gesellschaft. Sie hatte indes wieder geheiratet. Niemand, der uns miteinander sprechen sah, hätte ahnen können, daß ein seltsames, tiefes, gemeinsames Erlebnis uns verband. Verband es uns wirklich? Ich selbst aber hätte jene sommerstille, unheimliche und doch so glückliche Stunde für einen Traum halten können, den ich allein geträumt hatte; so klar, so erinnerungslos, so unschuldsvoll tauchte ihr Blick in den meinen.

Bibliographischer Nachweis

Spiel im Morgengrauen. (1926). Erstmals in ›Berliner Illustrirte Zeitung‹, 5. Dezember 1926 bis 9. Januar 1927. Erste Buchausgabe: S. Fischer Verlag, Berlin 1927 (= Textvorlage).

Ich. (1927). Erstmals u. d. T. ›Novellette‹ in ›[S. Fischer] Almanach. Das zweiundachtzigste Jahr‹, Frankfurt am Main 1968, S. 53–61. Aufgenommen in A. Schnitzler, ›Entworfenes und Verworfenes‹, Aus dem Nachlaß, Herausgegeben von Reinhard Urbach, S. Fischer Verlag, Frankfurt am Main 1977 (= Textvorlage).

Abenteurernovelle. (1928). Erste Buchausgabe mit 16 Zeichnungen von W. Müller Hofmann: Bermann-Fischer Verlag, Wien 1937 (= Textvorlage).

Der Sekundant. (1927/1931). Erstmals in ›Vossische Zeitung‹, Berlin, 1.–4. Januar 1932 (= Textvorlage).

Arthur Schnitzler
Jugend in Wien

Eine Autobiographie

Herausgegeben von Therese Nickl und Heinrich Schnitzler

Arthur Schnitzler war bereits über fünfzig und auf der Höhe seines Lebens und seines Ruhmes, als er zwischen 1915 und 1920 die Aufzeichnungen seiner Jugend in Wien niederschrieb. Der Lebensbericht, den Schnitzler bis zum Jahre 1900 fortzuführen plante, endet 1889, als Schnitzler Assistenzarzt seines Vaters an der Wiener Poliklinik und dabei war, seinen Weg zur Literatur zu finden. Arthur Schnitzler berichtet sehr aufrichtig von seiner Kindheit, von den Jugend- und Studienjahren in Wien, von dem Leben eines jungen Mannes aus großbürgerlichem Haus, von seinen Freundschaften und Liebschaften, von seiner Konfrontation mit dem Arztberuf, von seiner Dienstzeit als Militärarzt, von Reisen nach Berlin und London, aber auch von der Weltanschauung und den politischen Ereignissen seiner Jugendzeit zwischen 1862 und 1889. Natürlich spricht er auch von seinen ersten schriftstellerischen Versuchen, aber mit dem distanzierten Humor des reifen Erzählers, den Alfred Kerr vor einem halben Jahrhundert den »österreichischen Maupassant« genannt hat und den Friedrich Torberg in seinem klugen und verehrenden Nachwort heute mit Tschechow vergleicht. Aus den Begegnungen mit Freunden und geliebten Frauen ragt vor allem das Bild seiner späteren Gattin Olga Jussmann heraus, der er am Schluß des Bandes mit dem Bekenntnis tiefer Zuneigung ein zärtliches Denkmal setzt.

Band 2068

Fischer Taschenbuch Verlag

Arthur Schnitzler

Briefe 1875 – 1912
Herausgegeben von Therese Nickl
und Heinrich Schnitzler
1047 Seiten. Leinen

Arthur Schnitzler erweist sich ein halbes Jahrhundert nach seinem Tod als lebendiger Dichter. Sein Werk beschwört mit einer vergangenen Epoche, einer vergangenen Gesellschaft gleichermaßen Grundmächte und nur äußerlich sich wandelnde Gesetze des Lebens. Erst heute erkennen wir Schnitzlers illusionslosen Ernst und seine unerbittliche Wahrhaftigkeit ganz: Aus seinen Briefen gewinnen wir ein Selbstporträt und Schicksalsbild.

Der erste Band führt von einem Gruß des Dreizehnjährigen an die Mutter bis zur Lebenshöhe, zu der Vollendung des »Professor Bernhardi«, dem fünfzigsten Geburtstag und der ersten Werkausgabe, die S. Fischer ihm bereitete. Die Mehrzahl der Briefe wird hier zum ersten Mal veröffentlicht.

Briefe 1913 – 1931
Herausgegeben von
Peter Michael Braunwarth,
Richard Miklin, Susanne Pertlik
und Heinrich Schnitzler
1198 Seiten. Leinen

Die Briefe sind Spiegelungen, Reaktionen, unerschrockene Stellungnahmen und Klärungen. Krieg. Krise und Scheidung der Ehe, Verhandlungen mit dem Verleger, mit Theatern und Schauspielern (z.B. Elisabeth Bergner). Reisen.

Das schöne Vater-Sohn-Verhältnis zwischen ihm und Heinrich, die Vater- oder Tochtertragödie: der Selbstmord der noch nicht neunzehnjährigen Lili. Die tiefe, anhaltende Trauer um Hofmannsthal. Nicht zuletzt, vielmehr immer wieder: Politik. Diese Briefe sind geschrieben mit Bedacht auf den Adressaten, nicht auf spätere Publikation.

S. Fischer

fi 1123/1

Arthur Schnitzler
Frau Beate und ihr Sohn
Novelle

Band 9318

Frau Beate Heinolds Mann Ferdinand war ein begabter Schauspieler gewesen, und sie hatte ihn, wie sie ihm einmal gestand, vor allem deshalb geliebt, weil ihr die eheliche Verbundenheit mit ihm »die einzige Möglichkeit bot, den ehrbaren Weg zu gehen, der ihr nach ihrer bürgerlichen Erziehung vorgezeichnet schien, und doch zugleich das abenteuerlich-wilde Dasein zu führen, nach dem sie in verborgenen Träumen sich sehnte«; Beate will ihrer beider Sohn Hugo, von dessen pulsender Unruhe seiner siebzehn Jahre wissend, nach dem Tod des Vaters davor bewahren, »mit Ekel aus seinem ersten Rausch« des Zusammenseins mit einer Frau zu erwachen. Das Maß dieser Sorge entspricht ihren in der Witwenschaft nicht ausgelebten Empfindungen. In der atmosphärischen Elektrizität der Sommertage, lösen sich die Grenzen: Mutter und Sohn erleben unabhängig voneinander die Intensität ihrer Körperlichkeit in gesellschaftlich nicht tragbaren Beziehungen und fliehen in den Tod.

Fischer Taschenbuch Verlag

fi 1311 / 1

Eduard von Keyserling
Schwüle Tage
Erzählung

Band 9312

Das Flimmern der Luft in den Sommernächten, das Blühen und Duften der Pflanzen und Blumen, das Verlangen des Abiturienten Bill nach der Vitalität der Landmädchen einerseits – das von sich und von anderen in jeder Situation Tenue erwartende Stilisieren, die sich gelegentlich in Aggressivität flüchtende Verletzlichkeit des in die junge Ellita verliebten, aber in seiner Eigenart und in seiner Gesellschaftsform gefangenen Vaters, der nicht, wie sein Sohn, erfahren kann, wie warm und weich einen das Leben umfangen kann und sich dieses Gefühl künstlich durch Morphium schafft, andererseits – bereiten das Spannungsfeld dieser deutschen Novelle mit französischem Flair.

Fischer Taschenbuch Verlag

fi 1327/1

Stefan Zweig
Brief einer Unbekannten

Band 9323

»... nichts auf Erden gleicht der unbemerkten Liebe eines Kindes aus dem Dunkel, weil sie so hoffnungslos, so dienend, so unterwürfig, so lauernd und leidenschaftlich ist, wie niemals die begehrende und unbewußt doch fordernde Liebe einer erwachsenen Frau.«

Fischer Taschenbuch Verlag

fi 1074/1

Stefan Zweig
Brennendes Geheimnis
Erzählung

Band 9311

Mit zwölf Jahren lebt Edgar am Rand seiner Kindheit. Er ist mit seiner Mutter auf den Semmering gefahren und glaubt dort, unverhofft in einem jungen Baron einen Freund gefunden zu haben – doch er muß sehr schnell erkennen, daß dessen Freundlichkeit der Mutter gilt.

Fischer Taschenbuch Verlag

fi 1307/1

Thomas Mann
Die vertauschten Köpfe
Eine indische Legende

Band 9305

Eine altindische Anekdote gab Thomas Mann den Impuls, diese »Geschichte der schönhüftigen Sita und ihrer beiden Gatten«, die »sehr ungleich nach ihrer Verkörperung« waren, nachzuerzählen. Er hat sich, ohne seine persönliche Sicht der Dinge zu verleugnen, mit der vorgegebenen »Hindu-Mischung«, dem Liebes- und Persönlichkeitsproblem auseinandergesetzt und so nach eigenem Bekunden »ein amüsantes Gedankenspiel getrieben«, das »einem aus der Hand schlüpft, wenn man es greifen will«.

Fischer Taschenbuch Verlag

fi 1315 / 1

Thomas Mann
Mario und der Zauberer
Ein tragisches Reiseerlebnis

Band 9320

Gereiztheit, eigentümlich Bösartiges bestimmte von vornherein die Atmosphäre bei diesem Ferienaufenthalt in Norditalien, Mitte der zwanziger Jahre; »die Leute ... machten soeben etwas durch, so einen Zustand, etwas wie eine Krankheit ..., nicht sehr angenehm, aber wohl notwendig«; das ungute Gefühl wird sich steigern und, nicht nur für die Gäste, duch die alles übersteigernde Gestalt und Wirkung des Zauberers Cipolla, »dieses allzu Sicheren«, zum tragischen, letztendlich jedoch befreienden Ende führen.
Wie stark die »politisch-moralische Anspielung, in Worten nirgends ausgesprochen«, aus dieser Erzählung bereits bei ihrem ersten Erscheinen 1930 wirkte, spiegelt sich in Julius Babs Rezension: »Wenn Mussolini etwas von Kunst verstände, müßte er diese Novelle in Italien verbieten lassen.«

Fischer Taschenbuch Verlag

fi 1309/1

Franz Werfel
Geheimnis eines Menschen
Novelle

Band 9327

Die Geschichte eines Bilderfälschers, Saverio, in ein venezianisches Dämmerlicht, in Zwielicht getaucht, ist bei aller atmosphärischen Dichte keine Schilderung eines Verbrechens; sie gibt keine Erklärung, wie es zu der Fälschung kam, auch dem in das Geschehen einbezogenen Ich-Erzähler nicht – nur in klarerem, kälterem Licht scheint dies im Ansatz möglich; sie ist eine Charakterstudie: »der große Fälscher muß sein Selbst minutiös zerstören, sorgfältig ausrotten, denn ein letzter Rest, ein schwacher Schimmer von Persönlichkeit könnte ihn verraten« (Franz Werfel); Saverio bleibt der Wahnsinn, um die Lösung des Rätsels, die Tat, als sein Geheimnis zu bewahren.

Fischer Taschenbuch Verlag

fi 1501/1